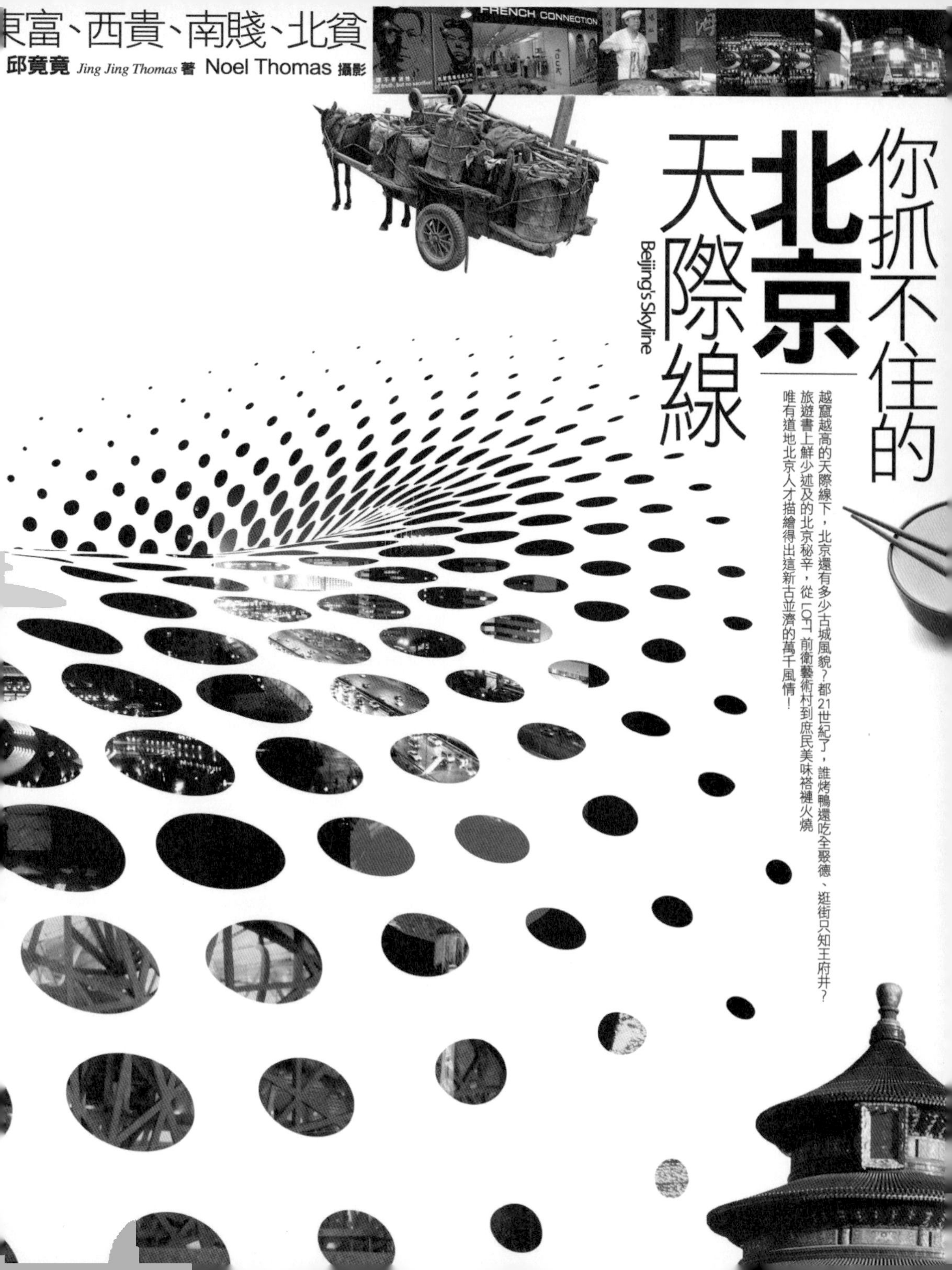
東富、西貴、南賤、北貧
邱竟竟 Jing Jing Thomas 著 Noel Thomas 攝影
FRENCH CONNECTION
你抓不住的北京天際線
Beijing's Skyline
越竄越高的天際線下，北京還有多少古城風貌？都21世紀了，誰烤鴨還吃全聚德、逛街只知王府井？
旅遊書上鮮少述及的北京秘辛，從LOFT前衛藝術村到庶民美味褡褳火燒
唯有道地北京人才描繪得出這新古並濟的萬千風情！

目錄 contents

國家圖書館出版品預行編目資料

你抓不住的北京天際線——東富、西貴、南賤、北貧/ 邱竟竟著
一初版一台北市：信實文化行銷，2009.04
面；16.5X21.5公分

ISBN : 978-986-6620-33-1 (平裝)
1.遊記 2.旅遊文學 3.北京市

671.0969 98005057

你抓不住的北京天際線——東富、西貴、南賤、北貧

作　　者：邱竟竟（Jing Jing Thoms ）
攝　　影：Noel Thomas
總 編 輯：許汝紘
主　　編：黃心宜
特約編輯：俞伶
美術編輯：簡華儀

發　　行：楊伯江、許麗雪
出　　版：信實文化行銷有限公司
地　　址：10696台北市大安區忠孝東路四段341號11樓之3
電　　話：(02) 2740-3939
傳　　真：(02) 2777-1413
網　　站：http://www.cultuspeak.com.tw
E-Mail：cultuspeak@cultuspeak.com.tw
郵撥帳號：50040687 信實文化行銷有限公司

印刷：漾格科技股份有限公司
地址：台北市中正區枯嶺街53號1樓　電話：(02) 2391-5059
總經銷：時報文化出版企業股份有限公司
地址：中和市連城路134巷16號　電話：(02) 2306-6842

2009年4月初版一刷
定價：新台幣300元

For my children,

considering their contributions and forebearance during my project …

Kyran – with his colourful translations

Alena – for her enthusiastic research and sketches

引子
Introduction

那是一個 “trigger” 。

是的， “trigger” 。這是個再恰當不過的詞了。對不起，因為一時在中文裡找不出什麼合適的詞，我只好借用英文，幸好地球村形式，整個世界早已不見母語與非母語的界限。將trigger中譯，字面上的意思是，引發，引爆器；或是由某些積蓄已久的事情引起反應（或一連串事件）的行動（或衝動等）。

二〇〇六年夏天的一個溽熱的下午，我們一家人在前門大街尋找全聚德烤鴨店的時候，突然意識到事情變得有點兒不那麼對頭。

這一切發生得如此之快，如此之絕，如此讓人措手不及。

真的是讓人措手不及。

如果那天我的兩個孩子不嚷嚷著要吃烤鴨，如果我先生不在附和之後提議去前門的全聚德吃烤鴨，如果我們到了前門大街後如願以償地吃上了烤鴨，那麼就不會有什麼「以後」了。

也自然，沒有「以後」，也就沒有接下來的動機要寫今天這本書了。

當然，這樣說也不那麼完全準確，人們不是完全沒有看到了周圍很多事情正在發生變化，這其中自然也包括我。

全聚德烤鴨店

入夜之後矗立北京城的高聳現代商業建築。

近百年來，北京變得越來越像東京，越來越像紐約、香港、芝加哥等國際都市，玻璃帷幕的摩天大樓，寬闊平坦的行車大道，櫛比鱗次的商業大廈，彷彿一個恍惚，那個明黃色琉璃瓦上覆蓋著冬天厚厚的積雪和散發著烤白薯焦甜氣味的北方古都，便悄然而迅速地在人們的記憶裡，漸行漸遠了。

儘管我一直都住在國外，可我每年暑假回北京旅行的時候，都會吃驚地發現，北京正逐步變得不那麼北京了。

只是這種發現僅僅停留在感受的表層，還混合著些許沾沾自喜。

看到自己從小長大的城市開始變得時尚、繁榮，似乎自己的臉上也無形中塗上了一層光彩。

事實上，我們那天到了前門以後，並沒有吃到烤鴨，也沒有去到全聚德烤鴨店，而是還沒有推開計程車的門，便被眼前的景象驚呆了。OMG – Oh my god！整個正陽門對面的東西兩側被粗糙搭建起來的巨型圍擋鋪天蓋地地遮掩著，已經在推土機的碾壓下變成廢墟和正在變成廢墟的老舊建築頹廢地四處散落，等待拆遷的大小店鋪在「血本無歸」的甩賣橫幅旁起勁地向路人兜售商品，乘機搶購的顧客拎著大包小包在人群中忙碌地鑽動，整個前門大街如同大難臨頭似的顯示出一派世界末日的衰敗景象。

我們不知所措地尋問路人，被告知，「連這都不知道。前門大街要進行大規模改造啊。」

方才恍然大悟。隨即又茫然，接著問，「大規模改造？那麼商店都關門嗎？全聚德還營業嗎？」

路邊馬上有人插嘴，「還營什麼業。都拆了。」

「那去哪兒吃烤鴨呢？」我們的孩子仍舊念念不忘此行的目的。

「有很多地方可以吃烤鴨呢。」路人全樂了。「你們是第一次來北京吧？如今在北京，吃烤鴨不僅僅去全聚德，有名的還有九華山，金百萬，利康，小王府，大董，長安壹號。」

「長安壹號？怎麼聽起來像是一艘火箭？」我沒敢聲明自己就是土生土長的北京人，因為這些年北京的變化實在太大了，我不僅常常辨不清東西南北，而且還隔三差

慘遭推土機輾壓後的廢墟

五地到處迷路。有一年回國，我甚至連我爸爸住的樓房也找不到了，原因是為了美化城市，他們住的那片住宅建築一律漆成了暗紅色，於是眨眼功夫，整個小區的原有相貌便面目全非了。我的一位從娘胎裡生下來就住在北京，從來沒有離開過這個城市的朋友告訴我，別說是我這個背井離鄉的人，就是她，若是一年沒怎麼出門逛商店，也會徹底認不出某些曾經非常熟悉的地方。

我不得不相信，那些從外省各地遷徙到北京來的「北漂一族」，恐怕比我更認得北京呢。

「長安壹號就在王府井東方君悅酒店裡。火得很呢！」一個操著江南腔的平頭小夥子熱心地說。

就在王府井？既然如此，我先生說，不如去那兒，因為兒子正好要去王府井書店買書，一舉兩得。

我說不出什麼反對的理由，況且第二天就要乘飛機回荷蘭了，如果今天下午吃不上烤鴨，那意味著至少要等到明年度假回來的這個時候。於是便全家去了王府井。

自然，我們吃到了烤鴨，很美味，很滿足，但是心裡卻隱隱有著一股說不出道不明的遺憾。是因為長安壹號？還是因為全聚德？還是因為前門大街？

我也不知道。

「長安壹號」無可挑剔。除了那名字，我無論如何也很難將它那或武器或座標式的稱呼與香酥脆亮的烤鴨連繫到一起。不過這並不影響我對它的深刻印象。

我確實喜歡它裡面西洋式開放廚房的設置。優雅的棕色和白色為主打的室內家具，剔透的玻璃隔牆裡通紅的爐膛和跳躍的火苗，襲人的香氣誘惑地彌漫在廳堂的每一處角落，衣香鬢影的人們正襟危坐淺酌慢飲，笑容可掬的侍者嫻熟地片出脆嫩的鴨肉並且同時娓娓道出它的來龍去脈，這使我不由得聯想到前年在法國銘悅酒莊裡，那為我們開啟香檳的面孔紅潤的年輕人，也是同樣的殷勤，也是同樣的親切，也是同樣的訓練有素。

那鴨子烤得恰到好處，不肥不瘦，柔韌有餘。配上凝脂般的甜麵醬，糯軟的薄餅，大紅漆盤托著的綿細白糖，精心切好的黃瓜、蔥絲、蒜泥，全都精心設計得讓人忍不住讚美。

可我心裡還是覺得有什麼不大對勁。

北京。

民國的時候叫做「北平」；清朝的時候叫做「京師」；明朝的時候叫做「北京」；元朝的時候叫做「大都」；宋遼金朝代的時候叫做「燕山府」；魏晉南北朝隋唐五代的時候叫做「幽郡」；秦漢朝代的時候叫做「廣陽」；春秋戰國的時候叫做「薊城」；史前的時候叫做周口店山頂洞人的「亂石崗子」。

從亂石崗子到氣勢恢宏的都市，北京經歷了五十萬餘年緩慢而又令人眼花撩亂的變化。山巒漸次趨向緩和，河流逐步蜿蜒匯集，大片大片的坡地被一代代飢餓的定居者開墾和占有，成群的房舍以令人驚奇的速度向四面伸展，縱橫交錯的街道宛若迷宮一般變幻莫測，斷斷續續的圍牆層層相護此起彼伏，然後有了城池，然後有了廟壇，然後有了宮闕，然後在迄今為止七百多年前的時候，從北方的大漠遊牧草原崛起的蒙古帝國，長驅直入占據了中原領土，建立了新一輪的統治王朝，規畫了新的國都，同時構架起了一條貫穿整個城市正心的中軸線。

這是迄今為止世界上現存的最長的城市中軸線。

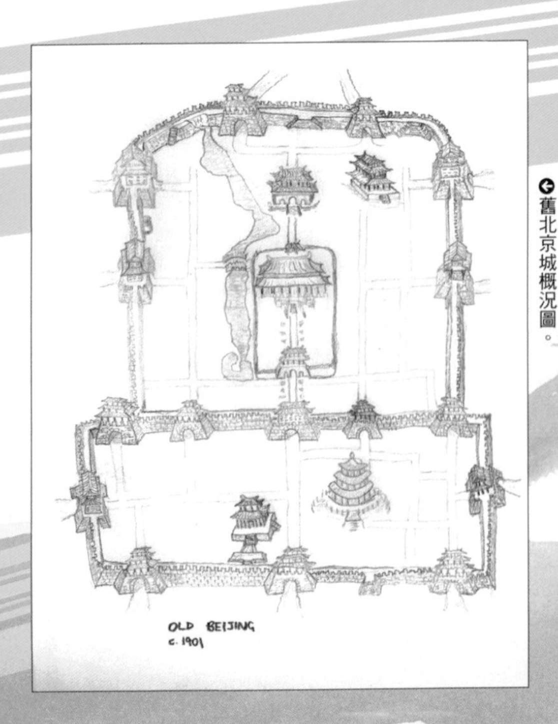

舊北京城概況圖。

↑悠久的圖騰
←有著明黃色琉璃瓦的古都老建築

當然，巴黎，華盛頓，坎培拉，紐約也有中軸線，但它們都沒有北京的中軸線那麼綿延、那麼筆直、那麼中庸。

由南往北，中軸線上共有二十一座跌宕起伏的建築，依次是永定門、正陽門、大明門、天安門、端門、午門、太和門、太和殿、中和殿、保和殿、乾清門、乾清宮、交泰殿、坤寧宮、神武門、景山門、萬春亭、壽皇殿、地安門、鼓樓、鍾樓。浩浩蕩蕩，前呼後擁。

中軸線的正中是皇帝和他的後妃們居住的地方，顯然，此種設計迎合了「王者必居天下之中」的理念。這個被世界公認為最宏偉的皇家住宅，實際上是由無數的精緻的小四合院組成的巨大的四合院聯體宮殿，占地七十二萬平方公尺，周邊圍有森嚴的紅牆和四座高聳的城門，以及蕭瑟的護城河。歷時五百多年，中國最後兩個封建朝代的二十四個皇帝，在這個曾經被稱為「紫禁城」的皇宮裡度過了綺麗而又沉重的歲月。

護城河外面是皇城。以中軸線為界，左邊是太廟，右邊是社稷壇，後邊環繞著景山，北海，中南海等皇家御園。其間隔部分遍布有管理皇家事務的眾多衙署和倉儲。據說在明朝時，曾經住有十萬多的太監和宮女，即使在清朝，也有四萬多宮廷內侍，終日忙碌於眾多的御用作坊和庫房裡。然後圍攏著皇城的是又一層壁壘森嚴的城牆和七座重兵把守的城門。

皇城之外，同樣以中軸線為界，是兩側如棋盤般齊整的街道胡同和排列對稱的青磚灰瓦的四合院民居，數以萬計的臣民百姓們，世代相安居住在一起，這就是老北京的內城，安全地包圍在周長二十四里的城牆和九座敦實的城門的護衛之下。

內城之外，明朝的時候，又擴建了一圈外城。更多的街道和民居依然以中軸線為界，向東西兩側大面積地伸展出去。稍遠之處，是歷代皇帝每年冬至和夏至時分祭天祈穀的天壇和先農壇，曾經空寂遼闊。而後數百年之間，御道兩側逐漸開闢出來越來越多的熱鬧的街市：豬市口、鮮魚口、煤市街、糧食店、布巷子、觀音寺、珠寶市，以及銀號、錢莊、茶樓、旅店、飯館、戲園、妓院、各省會館，一度成為京師最繁華的地方。外城的城牆和七座城門，比起內城的略矮，用來鎮守北京。

這就是北京古城。

若是從空中俯瞰，它呈現出來的是非常整齊的格局，正北，正南，正東，正西，相互垂直，結構清晰，井然有序。

據說，這在當初，七百多年以前，策畫城市設置時，依據古書《周禮・考工記》中「皇權至上，宮體為主」的準則，規範出來的。

古人的思維顯然自成邏輯。

中軸線最北端的鐘鼓樓，每當日暮時分，便傳出巨大而有規律的報時聲，內城和外城的十六座城門，遂在這鐘鼓齊鳴的悠長迴盪之中，將鍍銅鉚釘的雙扇大門分三次緩緩關閉。正在趕路的行人和馬車，於是匆匆加快腳步穿過城門，直至最後一次鐘聲，城門徹底合攏，交通漸漸終止，隨即開始淨街，然後全城陷入一片寂靜。

難怪，那時候沒有電燈，沒有電影電視，沒有夜總會，沒有歌廳酒吧，甚至沒有鐘錶，到了晚上，四周漆黑，在微弱的煤油燈伴陪下，實在也十分掃興，無事可做，自然就早早上床睡覺了。

所以那時候人的睡眠比現在充足，精神頭兒大，天剛亮就起床了，起床時聽到的第一個聲音，便是鐘鼓樓悠悠迴盪的鐘聲鼓聲，接下來所有的城門又重新開啟。趕大車的，挑擔子的，騎毛驢的，牽駱駝的，熙熙攘攘鬧鬧哄哄開始上路。城市重新甦醒，又開始了另一天的生活。

這是一幅多麼田園式的圖景。人們日升而出，日落而入，在悠遠蒼涼的鐘鼓聲中，過著周而復始單調而又平靜的生活。

可惜，這樣的情形，今天已經不復存在了，已經永遠定格在發黃的黑白老照片裡了。

就像世界上的所有事情，十有八九都不盡人意。

自從上個世紀初以來，北京老城就經歷了一系列的變化。

先是延續了六個世紀的鐘鼓樓的報時聲音，隨著清朝最後一位皇帝被驅逐出紫禁城後，不宣而告地終止了；然後是中軸線上莫名奇妙地拆除掉了三座巍峨的建築，以及四周的城牆和城門不由分說地被陸續轟倒推平；接下來是古老的胡同和四合院瀕臨大面積的拆毀……而變化的理由，是為了讓道路寬闊平坦、為了讓鐵軌任意伸展、為了讓高樓遍及各個角落、為了讓周圍更加乏味無趣，於是，近百年來，北京已然再不是北京了。

我知道，我是在想念過去那北京老百姓們曾經最熟悉的「燒鴨子」。那配著大塊糖漬蒜頭、清白蔥、手　餅、老黃醬，以及棗木灸烤出來的焦黃迸脆的烤鴨，外加用青口白菜熬煮出來的濃郁的鴨骨湯，一股腦兒的在人聲鼎沸的老館子裡熱熱鬧鬧吃喝起來的地道勁兒。

我為前門大街全聚德老店的關門遺憾、為正在改造的前門大街遺憾，不知道在它們改頭換面之後，會是怎樣的一幅情形？也許比以前更好、也許比以前更壞，但有一點是肯定的，它再也不是原來那個百多年前建於明朝時的老前門大街了。

就像此時此刻在「長安壹號」裡料理出來的鴨子，好看、好吃，卻是另一種意味的好看好吃。

然後我突然意識到，北京城裡正在發生著某些讓人始料不及的變化。這變化其實早就發生了，只不過我一直都沒有在意，然而如果我再不在意，這些變化便很有可能從四面八方迅速淹沒過來，徹底地改變這個我曾經生活過的城市。

於是我想到了我蹣跚學步時住過的城北的狹窄小胡同、幼稚童年和青澀少年時住過的城南的曲折街巷、入社會工作後每天騎著自行車路過的覆蓋著濃密樹蔭的城東的寬大馬路，以及讀大學時……那些過往的點點滴滴。

如今它們都還在嗎？

我怎麼以前從來都沒有想過，回這些地方看看呢！信不信由你，這些年；我是說離開中國這二十年，甚至，離開中國以前，從我長大搬過幾次家，離開過去曾經住過的老房子老胡同以後，就真的再也沒有回去過。

為什麼呢？

我不知道。大概是這些地方我早已將它們埋藏在記憶深處，沒有“trigger”，它們就一直默默無息地塵封在那兒。

好在，冥冥之中，它們忽然躁動起來。

於是二〇〇六年夏季，暑假最後一天的傍晚，坐在「長安壹號」舒適的短靠背軟椅上，酒足飯飽之後，對著窗外的長安街車水馬龍的繁華景象時，我開始認真盤算起來，明年再回北京，一定要安排時間到我過去曾經住過的地方去看看，不然的話，也許就會像剛才我們在前門大街面對的景象那樣，我過去的生活軌跡很可能在推土機的碾壓下，徹底地消失了。

我不能再猶豫了。

誰知道以後再回北京的時候，周圍又會發生怎樣的事情？奧運會加速了北京古城脫胎換骨的速度，中國執意要向全世界展示一個經過重新打造過的現代化的閃閃發亮的國際大都會。

而我，也要執意去做的，是盡量趕在這之前，去看看那些我過去生活過的地方。

不光為我自己，還為了我的那一雙兒女。他們有一半是中國血統，所以不管怎麼說，他們應該知道更多一些的自己老祖宗的背景。再說他們也許會對那些老胡同老房子感興趣呢！

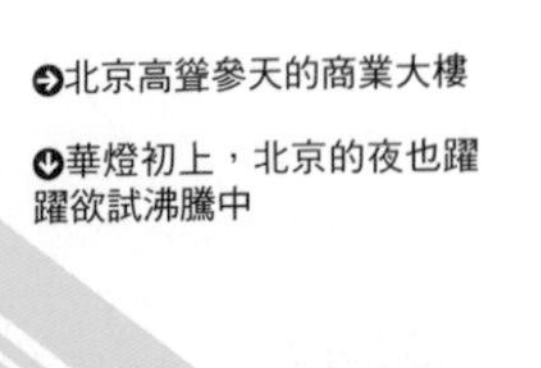

➲北京高聳參天的商業大樓

➲華燈初上，北京的夜也躍躍欲試沸騰中

走兵車的德勝門 和走糞車的安定門

Grand Gates for the Garrison - and the Night Soil?

我們每年都會去北京住幾個星期，並不僅僅是因　我的父親還健在，也不僅僅因那兒有我多年結識了的一大群莫逆之交，而且還因為……還因為什麼呢？是什麼讓我對那個已經離我遠去的城市仍舊如此地留戀不捨？

是過去那一連串美好的和不那麼美好的記憶？是街頭巷尾那數不清的令人垂涎的美饌佳餚？是只花價值0.1歐元就可以乘坐的橫貫長安街的口香糖型公共汽車，飽覽諸如東單銀街、王府井鬧市、天安門城樓、西單時代廣場等等北京市最漂亮最壯觀的街景……唉，我也說不清楚。

那是一些看不見摸不著的東西，淡淡的像朦朧的白霧，忽而飄過來又忽而飄過去，總是在周圍環繞著。每當夜深人靜，我躺在床上輾轉反側時，它們便會悄悄地彌漫過來，使我難以入眠，或者，對著一杯沖泡得過了頭已經徹底冷掉的紅茶發呆時，它們也會固執地揮之不去地纏繞著我，令我心緒不寧。

直到暑假來臨，我坐上飛機穿越一層層的雲霧重新回到北京，走在散發著熟悉氣味的大街小巷，心情才會踏實地沈靜下來，有了一種怡然釋放的感覺。

所以，不管是住在倫敦、雪梨還是阿姆斯特丹，我就像候鳥一樣，一到夏季，便遵照一種只有大自然才可以解釋的行為模式，準時回訪遠方的故地。

知道嗎？不是所有的鳥都是「候鳥」。

只有那些隨著季節變化而南北遷移的鳥，才是「候鳥」migrant，而一年四季世世代代都在同一個地方生活的鳥，則是「留鳥」resident，除此之外，只有非常少數的迷失方向或者其他原因客居他鄉的鳥，被稱之　「迷鳥」vagrant。

我到底是候鳥？還是迷鳥呢？

不知道。

我只知道，年年回國，都是行色匆匆，吃喝玩樂，然後整個假期就像一股旋風一樣，轉瞬間便過了，徒留隱隱約約的遺憾，覺得似乎有什麼不應該遺忘卻又最容易遺忘的事情，還沒有來得及去做。

到底是什麼呢？

坐在「長安壹號」的大廳裡對著車水馬龍的長安街發呆的時候，我忽然意識到，那遺憾或許就是這麼多年以來一直都沒有空出時間回自己住過的地方去看看。

它們現在會是什麼樣呢？

很可能那裡的老房子已經傾塌，觸目所及都是一張張陌生面孔教我難以辨認，但是一定也可能會有某些我所熟悉的東西遺留下來，或是凝固在空氣裡，或是藏躲在磚牆瓦頂的深處。

無論如何，我都應該回去看看，至少可以拾回一些遺忘的記憶。

那麼，從哪兒開始「拾」起呢？唔，就從北城吧，按照我從小長大的順序，從我出生後的第一個「老家」開始。

北城。

坐落在北京紫禁城的北面。遠處有燕山山脈環繞，按照風水先生的話來說，是上風上水的地方。

可在過去，關於北城，老北京人卻有不同的說法，也就是常言道，「東富，西貴，南賤，北貧」。這是指北京原有的四個老城區。東城西城住的大多是非富則貴的皇親國戚和有錢人；南城住的大多是商販和擺攤的藝人，被視為沒有身分而且低賤；北城住的大多是貧困破落的旗人，或者是靠賣苦力為生的貧民。

這話也許有點道理。

從歷史上看，北京城最初形成的時候，全城的範圍其實只有今日的東城和西城那麼大，皇帝住在正中心，他的大臣和幕府們自然在離皇宮最近的地界建築宅所，平民百姓別無選擇只能被擠到遠處靠近城牆邊緣的地方。

後來城市人口變得越來越多，明朝嘉靖年間在南面擴建出了外城。清朝的軍隊入關以後，宣布所有的漢族居民都得從內城遷出去，騰出地盤給滿族八旗。這樣，外城，也就是南城，便成除了「滿州貴族們」以外眾多其他人種落腳的地方，所以從來沒有一間王府建在那裡。

至於北城，其實是自從有了南城之後，被人們相對而言隨口叫起來的。依我看，說城北更恰當一些，它的地域含意和行政區域從來就不很明確。而俗話中所謂的「北貧」，在過去，那一帶的確沒有東城和西城那麼顯赫，但是比起南城來，畢竟在內城的圍牆裡，曾經駐紮過滿族的正黃旗和鑲黃旗，這樣，北城也有不少的王府和大宅門的四合院，只是後來迅速衰敗了。

環繞北城的外圍，當然是內城城牆，大約是十一里長，同時有兩座城門，一座叫作「德勝門」，一座叫作「安定門」。我家正好在這兩座城門的中間再往南一點，鼓樓的西面。

叫作「德勝門」的那一座，非常的幸運，箭樓部分至今還在，是所有的「京師九門」之中，也就是老北京內城九座城門之中，僥倖從歷史上遺留下來的真正兩座遺跡之一。其餘的七座，從上個世紀中開始，便陸續被燒毀、炸毀、摧毀，實際上名存實亡了。

德勝門箭樓之所以倖存，是不是托了它的名字之福，不得而知。但有一點是肯定的，它的名字本身所包含的「戰無不勝」的意思，使它在內城九個城門之中，成為專走兵車的門，這裡順便說一句，老北京內城的九座城門，各有自己的職責。而德勝門的職責，便是軍隊每逢出征，都要從它的城門底下旌旗飛舞地儀仗出行，還未遭遇敵人，已經預期得勝。

至少，鼓舞了士氣，在心理上略勝一籌。

據說，當年明朝取代元朝時，元朝的最後一位皇帝就是從這座城門倉惶逃走的，從此新的統治者，就將它從原來的名稱「健德門」改為「德勝門」，既有炫耀又有祈求的含意。

老安定門

從那兒以後，出兵遠征，都是經由德勝門北行，那用意很明顯，是期望上天保佑，旗開得勝的意思。

在我兒時的記憶裡，德勝門是一片空白。原因是，我們住在北城的時候，我還太小，對德勝門完全沒有印象，倒是我爸爸每每說起德勝門，還會記得夏天的夜晚經常用肩膀扛著我和我媽媽一起去德勝門的城牆邊緣一帶散步的情景。一說起那些往事，他混濁的雙眼便會游移不定地探究正前方，彷彿那裡浮現當年三人同行的畫面，往往令他唏噓不已。

這個時候，我便也會隨著他的敘述，隱隱約約地看到德勝門的景象，它常常使我聯想到長城，同樣的古樸單調、綿延強勁，有風雨年復一年侵蝕的裂縫和傾塌，修葺過的痕跡使牆體表面凹凸不平，瘢跡累累。大捧大捧的灌木在春天開滿小花，在秋天結滿果實，隨時隨地起伏搖曳，恣意顯示出生命的興旺。浮著白霧的護城河畔，隱約可見馬道，稀疏的路人便沿著這條窄徑，登高遠眺。

其實，這畫面中的一部分，我也有些熟悉。

原因是我長大以後，雖然搬了家，有時候偶然也會到德勝門來玩。當然不是為了懷舊，是因為無聊，不知道怎麼打發時間，就用當時買的學生月票，乘坐公共汽車在城裡

➋新德勝門

「遛車」玩。對，我們當時管「乘車遛達」叫「遛車」，從家門口的公共汽車站上車，坐到終點站，再轉到另一輛公共汽車，坐到另一個終點站，中途看到馬路上的新鮮事，又可以隨意上下車，直到估算爸爸媽媽該下班了，不得不回家為止。我和我的小夥伴，經常約在一起，集體「遛車」玩，因為實在是沒有別的活動可供消遣。當時的孩子們，沒有電腦、沒有遊戲機、沒有PSP，甚至沒有可供廣泛選擇閱讀的書籍，除了乏味的革命文學和領袖著作以外。

我們放學以後，或者是在暑假寒假期間，最煩惱的事是不知道怎樣打發時間。除了有時侯去電影院重複看那幾片人人都可以背得出臺詞的官方容許放映的樣板電影之外，就是用月票「遛車」。

我至今都能清楚地記得，坐在電影院看《列寧在十月》。一見到銀幕上瓦西里開始安慰他的妻子的鏡頭，觀眾席裡就會有人小聲地提前嘟囔出「麵包會有的，一切都會有的」，緊接著是竊笑，然後看到蘇維埃紅軍攻打進冬宮時，還沒等到放映「衝進去」的鏡頭，全體已經一片歡呼聲和鼓掌聲。

聽上去很悶，是不是？

所以我們最常做的事是遛車，這樣，偶爾會「遛」到德勝門去，那裡是市區好幾條公共汽車的終點站。我們下車後，如果不願意馬上坐上另一輛車，便會在德勝門附近玩一會兒。

那時候的德勝門，比起我爸爸記憶中的德勝門，已經發生了很大的變化。不過，看上去還是荒涼、還是市區的邊緣。老城牆的外面就是郊區了，過去是埋死人的亂葬崗，

老德勝門

即使在白天，都令人充滿鬼魅西行的想像。但是對我們這些從小在城裡長大的孩子，卻更富有刺激、也更加野趣橫生。我們很喜歡攀爬長滿蒿草的土丘、凝望混濁遲緩的護城河、踐踏恣意生長的野花野草、採摘偶爾遺留在枝芽上的半青半紅的酸棗，覺得比待在家裡好玩多了。

我們當時完全不知道，矗立在眼前的被叫作德勝門的這個龐大的建築，其實並不是城樓，而是箭樓，也就是原來整個德勝門老城門的一部分。

說來慚愧，在北京土生土長，卻從來不知道城門並不僅僅是連接城牆的簡單的大門建築，而是城樓、甕城、箭樓三位一體，相當複雜的防禦工事。也許是因為從我長大懂事以後，就沒有見過完整的老城門，所以一直誤以為所看到的就是那麼回事。

其實豈止是我，我們那一代、我們的下一代、我們所有的子孫後代，都沒有機會再見到北京城裡八百年前修築的真正的古代城門樓了。

這是不是有些悲哀？

如今，我只能從黑白圖片，才能揣摩出老城門當初的樣子。土色的，仍舊壯觀，整個城門樓是與城牆連在一起的，但是比城牆寬一些、也高一些。城門的下面是城台，有門供人出入，上面是城樓。城樓前面又擴建出一個小城堡，叫作「甕城」，專門保護城樓，所以它的正中前面是「箭樓」，四面八方都可以往外射箭，有種固若金湯的宏偉。

德勝門城樓建於明朝正統四年，幾百年來與世無爭，敦敦實實地駐守著北京的西北防線。一九一五年北洋政府修鐵路，被拆掉了甕城，一九二一年時又因為政府無錢發放拖欠官員的薪水，藉口城樓年久失修，將城樓又拆掉了，並且用拆下來的楠木柱子變賣了銀元，補上空缺。一九六五年，城內開始修建環城地鐵，幸好當時的線路恰好從南側繞過，讓剩下的箭樓的德勝門得以倖存至今。

我們當時當然不知道這一段歷史，不然搞不好會爬上德勝門的箭樓，在八十二個箭眼前面結結實實地翻幾個筋斗。

因為現在再去德勝門，看到的會是一個經過粉刷、嶄新的城門箭樓，完全不像有過五百五十年風吹雨淋的痕跡。我並不怎麼喜歡，所以沒有帶全家去逛過，總覺得讓他們保留對老城門樓的想像，比看到實物後又失望，終究好一些。

而北城的另一座城門 ——「安定門」，我對它似乎更是印象薄弱。我甚至都不記得我以前住在北京的時候是否去過那裡。

安定門距德勝門大約有將近十里，據說在京師九門中是專門走糞車的城門。

這對居住在附近的人們來說，自古至今，絕對不是樂於提及的話題。

可是人體的新陳代謝，有「進」就得有「出」，這是無可奈何又天經地義的事，並且這「出」還得要有合理的去處。所以，安定門對北京人來說，應該比走糧車的朝陽門還要來得重要才對。

我一向對各國的廁所很感興趣。每次去法國英國參觀那些漂亮的城堡時，我都要留意裡面的廁所設施，要知道，沒有好的廁所設施，再巍峨的住宅也會顯得美中不足。何況，瞭解廁所文化，也是相當有趣的，不亞於瞭解美食文化。

記得兩年以前去紐西蘭旅行，在北島Kawakawa小鎮看到世界上最美輪美奐的廁所，那真是一種藝術的極大享受。儘管視覺享受也許並不會直接作用於身體的其他器官，使膀胱或者直腸運作暢通無阻，但是絕對會讓人在精神上獲得無比的愉悅。也說不定還可能間接有利於疏導體內廢物的排泄。

不知道小鎮的居民是不是比世界上其他地區的人有著更良好健康的紀錄。有空的時候要查一查《金氏世界記錄》才對。

我們是看旅遊書介紹，才知道小鎮裡有這樣一間特別的廁所。當時我們正好在奧克蘭旅行，就租了一輛車，興沖沖地趕過去。廁所就在小鎮的主要道路上，相當醒目，因為從外表看上去就非常特別。未聞其名的人也許不知道它是作什麼用的，但是一定會停下來觀看，因為它實在是相當漂亮。給人神似巴塞隆納奎爾公園博物館（Park Güell）的印象，大大滿足了我們的視覺享受。

我們迫不及待地將車子停到路邊，加快腳步走了過去。

廁所的面積並不大，也就是一般公共廁所大小，聽當地人說，它的前身原本就是一個有著四十年歷史的普通老廁所，上個世紀末，市政府局決定重新修葺之際，被一位正旅居此鎮的奧地利建築師百水（Frederick Hundertwasser）知道這個消息。當時的他，剛好工作告一段落，於是便承攬改建廁所的工程。百水是聞名世界極有天分的建築師，同時也是聞名遐邇的藝術家，他曾先後在歐洲和自己的國家設計、監督過許多著名的建築，以明顯的怪誕而又奇異變幻的高第藝術風格著稱。

據悉，百水對廁所有著相當獨特的見解，在他的觀念裡，廁所如同教堂一樣，是個讓人靜心思考的地方。因此，在設計和建築的時候，他特意營造出一個宛如夢幻般的奇特意境。

從正面看，廁所的穿堂屋頂是由一些五彩繽紛的陶瓷瓶組成的柱子所支撐，自由生長的茅草與滾動著金色閃爍的圓球在藍天映照下宛若迷人的童話世界。柱子四周的牆壁黏貼著絢麗多彩的陶瓷裝飾瓦片和精心拼製的馬賽克圖案，並且一直延伸到廁所裡面，與反射著燦爛光線的玻璃瓶窗口交相輝映出夢幻般的意境。而巧妙搭配的黃銅裝飾則烘托出鵝卵石地面的簡潔古樸，就連廁所坐盆和洗手的水池都裝飾著美麗的圖案，令人稱奇不已。

我們裡裡外外拍了不少照片，只是不好意思真的去上廁所，覺得在如此美妙的地方留下排泄物，著實是一種不可原諒的褻瀆。

據說，廁所完工時，全鎮人特意選擇一個靜謐的清晨，以隆重的儀式正式慶祝它的落成和使用。從此以後，這個小鎮就再也沒有享有過安寧。

不僅紐西蘭本國人從四面八方蜂擁而至，法國和日本電視台還特意前來拍攝電視專題介紹，經過這波大肆渲染之後，每年相繼湧入一批又一批大量的海外遊客，他們不遠千里摩肩接踵趕來欣賞，讓 Kawakawa 小鎮開始頻繁地出現在各種旅遊書的“must see” list 上。

對這間廁所而言，真不知道是它的幸還是不幸？從此它再也不是實質意義上的廁所。試想，整日參觀的人群不斷，有誰有本事可以在絡繹不絕的遊客面前平靜而又從容地從事任何一項非常私人的排泄活動呢？

我很希望有朝一日在中國，也有人能設計一些漂亮的廁所，不敢奢望美輪美奐，至少，整潔乾淨清新美好應該可以達到。因為中國人一向把廁所看成是藏污納垢的地方，

↑Kawakawa小鎮上宛若花園的公廁前門
←Kawakawa小鎮上頗有創意的公廁窗戶
→北京今日的新廁所，如此地古香古色

而極少給予重視。

我這樣說，相信在國外生活過的中國人，一定是同意的。拜訪西方人的住宅，廁所常常占據著舉足輕重的地位，不僅裝飾漂亮，並且精心打理，買來油畫鮮花精緻小擺設和各種清潔劑使它成為一個賞心悅目的地方，待遇絕不比客廳差。每次用過之後，家中老少馬上自覺地認真沖洗並且噴灑清新劑，或者乾脆就放一大捧天然的薰衣草，不讓任何難聞的味道引人不快。

這樣的習慣，至少八十年前，在絕大部分西方國家就已經十分普及。而若是說到使用抽水馬桶的時間，說出來可能有點令人難以置信，最早可追溯到四千多年以前的希臘小島Crete Island的皇宮。當時的皇帝已經奢侈得開始使用木製的抽水馬桶！

是不是與我們今天用的抽水馬桶相似？我還沒有機會去那裡實地考察，不過整個宮廷地面下鋪設著龐大複雜的排水系統，確實是令人稱奇的事。

此後的一千多年，抽水馬桶的使用卻沒有廣泛、普及各地，而是不了了之的消聲匿跡。大概是當時的人認為到住家附近的樹林裡解手會更方便一些，而且還可以同時聽到夜鶯的歌聲。

到了十六世紀，也就是一五九四年，一位名叫John Harington的英國伯爵，為了討他的教母維多利亞女王的歡心，為她專門設計製作一個坐式沖水馬桶，曾經轟動一時。女王自己也很欣賞這個新奇事物，只不過周圍讒言太多，譏笑紛紛，爾後，這項沉寂一

←新建的廁所正在遍布北京街頭
↓北京街頭永遠消失了的老廁所

千多年的人類新發明也只能繼續被人們冷淡相對了。

直到二百年以前，英國人Alexander Cumming正式設計製造並申請專利，成功推出第一個與現代抽水馬桶非常接近的抽水馬桶。也直到此時，人類才開始集體進入抽水馬桶的文明時代。

甚至到了一八四八年，當大英帝國開始忙著向我國輸送成噸的鴉片，並且密謀策畫鴉片戰爭的緊張時候，同時間在英國本土也沒有忘記及時通過一項新的國家公共健康法令，就是每戶人家，必須在屋內安裝廁所，類別可以是抽水馬桶，也可以是便盆式馬桶。英國政府還撥款五百萬英鎊用於此方面的研究，並且大規模地鋪設地下管道。

我知道很多中國人不喜歡抽水馬桶，因為不習慣使用。這當然可以理解。每個人都有權利選擇自己喜歡的如廁方式。

但是我不得不承認，我們國家對待廁所的態度，相較於其他國家，顯然草率得多。

回顧我們的「廁所史」，在下水道尚未完善、抽水馬桶還沒有發明之前，人們大便小便的去處，通常是在自家院子裡，最西南的角落，挖個坑，砌上圍牆，就算是打發排泄物的地方了。

為什麼是西南角？因為根據精通八卦的風水先生所言，住宅的西南角，是「五鬼之地」，將臭氣烘烘的糞便堆在那兒，可以遠遠地鎮住　「青龍白虎」，以免它們進入宅院興風作浪。

老北京的掏糞工

就這樣，「廁所」一詞就這麼產生了，意思就是院子側角的一個場所。這院子的一角，沒事的時候，是沒人願意過去的，家庭主婦也不例外。這樣，糞便積蓄太多的時候，就得清理乾淨，否則漫延出來，不僅「青龍白虎」被嚇跑了，原本住在屋子裡的人，也會被薰得逃之夭夭。

不過，世界上沒有人願意和「排泄物」打交道，哪怕是自己的。更何況是別人的。即便那個別人是父母子女兄弟姐妹寵妻愛妾也不行。因此就只有花錢雇人將糞坑清理乾淨。為別人清理廁所的，絕大多數通常是來自鄉下的農民，特別是在飢荒年代。北京土話管他們叫「掏大糞的」。

我記不清在我兒時的印象中，掏大糞的人是什麼樣子。但是可以肯定確認在中國五、六〇年代，也就是我的童年時代和少年時代，掏大糞這一行還是存在的。因為我至今依稀記得，小的時候在住屋子外面，那條深深的甬道邊上幾家人合用的需要掏糞的廁所，以及從來不敢一個人去上廁所的那些恐怖記憶。我通常讓媽媽陪著，即便如此，蹲在茅坑往下看那個深不可測的黑洞，我總是禁不住聯想起同伴們嚇唬我的那些恐怖故事，提心吊膽地想像一隻毛茸茸的大手，正躲在裡面，伺機趁我媽媽不注意的時候，突然伸上來，把我拽下去。

所以從很小的時候，我就被那黑漆漆的廁所嚇得自動養成憋大便的習慣。特別是，只要天一黑，就更不去廁所了，哪怕肚子已經憋得生疼。

當然，這是很不好的。可惜等我長大以後才知道這一點。據中醫西醫們一致認為，憋在體內的大便，水分會被腸道反覆吸收，就像牛反芻一樣。只是牛反芻是因為沒有上門齒，吃東西得靠舌頭伸出把食物捲入口裡，因此來不及咀嚼，只好匆匆吞食，然後再從胃裡逆嘔回到嘴裡重新仔細咀嚼。但人卻沒有生理上的理由，合理化讓胃裡的食物反覆在腸道裡「反芻」吸收水分。

更別提人的腸道還有許許多多拐彎的地方，和大大小小的凹凸不平之處。這些地方最容易積存食物的殘渣泄物，時間一長，自然變質腐爛，產生大量的毒素。信不信由你，一旦這些宿便積聚，輕易地就可達到一個6磅重的保齡球，漸漸地變成便祕、慢性中毒而後形成腸道癌症。

這就是為什麼我至今每隔兩三年就到醫院定期做腸道內視鏡檢查。我真的是因為對小時候上廁所的經歷和習慣心有餘悸的關係。

我相信，不僅僅是我，很多小孩子對早年那些蹲坑的廁所，一定也是相當緊張，更何況，冬天夜晚起身上廁所，可是一件又冷又令人畏懼的事。所以，當時絕大多數人在自己家裡，通常備有夜壺或是尿盆，專供晚上睡覺以後，在房間裡「上廁所」使用。

聽說夜壺自古以來就是專為男人設計的，那扁圓形狀，上面有個把手，把手前面開了一個壺嘴，質材有銅製的、鐵製的、陶製的、瓷製的，有錢人家，比如說王爺，用的搞不好是金子或是銀子製的。據說民間有一句俗話，說的是在過去能進入中國男人被窩的，除了女人之外就是夜壺，可見夜壺對男人來說，是多麼親密和至關重要。

眾所周知，中國的男人在過去，有點錢的，便能多娶幾個小老婆，而皇帝更是三宮六院后妃成群。在眾多的妻妾裡，若是有某一位在晚上會在被窩裡伺候男人「把尿」，便很容易討得歡心，大概比通曉詩書棋畫還要容易受到寵愛。因為據說「把尿」可得有一定的功夫才能將分寸掌握得恰到好處，而那些有錢有勢的男人可是不會自己親自動手。試想，中國最後的皇帝溥儀在戰後進入勞改所時，連衣服的鈕扣都不會扣，你還指望他能做什麼。所以，過去時代的為人妻者被稱為「糟糠之妻」，大概並不僅僅指曾經同甘共苦，還有些伺候丈夫無微不至的意思吧。難怪舊式女子大門不出，二門不邁，卻能夠撐過整天關在家裡的寂寞日子，該是從早到晚也有不少東西要學習熟練。

我媽媽是個新派人物，斷然不許我爸爸在睡覺的臥房裡「方便」，認為氣味難聞，不成體統。因此我家從來沒有買過夜壺，也沒有尿盆，我也就從小養成睡覺之前不喝水的習慣。

不過還好，在我十歲左右，我們搬進樓房，開始使用自家的廁所和抽水馬桶，這很令我在同學面前得意了好一段時間，因為那時大多數北京地區，還沒有多少樓房和抽水馬桶。

說來也許有人不信，就連中國紫禁城裡的皇帝和他的家眷，在九千九百九十九間半屋子富麗堂皇的皇宮裡，竟然沒有一間正式的廁所。而住在裡面的上千多人，要如廁

←老糞車
↓老式的水泥馬桶

時，就在各個大殿的一角，用厚重簾子隔開一處，專門用來使用便盆大小便。便盆的旁邊還備有炭灰，只要每次解完手，就可以馬上使用炭灰蓋住，好阻止臭味散開。聽說慈禧皇太后的便盆是檀香木做的，無論排泄物有多臭，也能立即被檀香的味道壓制，可以稱得上是便盆中的極品。但不管怎麼說，沒有廁所的皇宮，在世界上還是極其少見的。據北京老書記載，不要說皇宮，就是明清兩代，整個京城也幾乎沒有正式的廁所。所以，人們將當時的北京調侃成「巨型的大廁所」，這下你也該明白是怎麼回事了吧。

直到清朝末年，中國人中的權貴階層才有幸用到抽水馬桶。

因此我對自己如廁環境的提前文明化，沾沾自喜，應該是可以理解的。

當時大多數的北京地區，依然使用那種沒有沖水設施、必須由人工定期清理糞便的廁所，老人家叫它為「旱廁」。

如果是這樣，那麼安定門作為走糞車的城門，大概一直延續到一九六〇年代。而那些肩上背著糞桶、手裡舉著糞勺的掏糞工人，日夜在城市裡穿街走巷進入各家各戶忙碌的身影，應該有很長一段時間是北京街景的一部分。

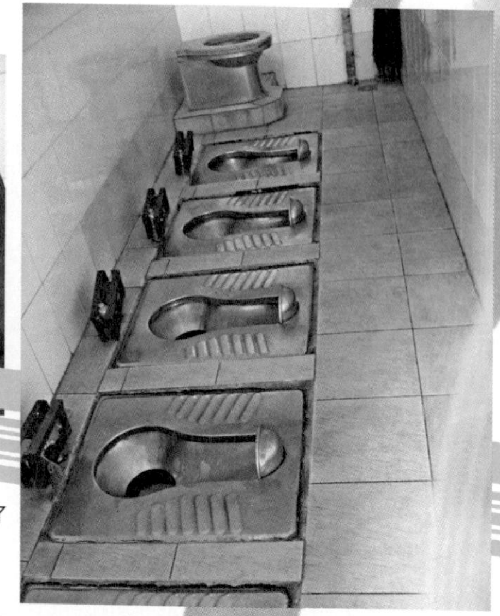

↑中國老式的蹲坑廁所
→有所改進了的公廁，居然可以沖水了

據當年的檔案記載，從安定門出城的糞車，就近到了地壇東邊，西邊，北邊三面的糞場。那些運送過去的大糞被摻上爐灰，攤在地上曬乾，再轉賣到郊區，變成種菜種稻米農民的肥料，是一項成本低，利潤高，相當掙錢的行業。

後來，北京市進步了，所有的廁所逐步由旱廁改成溝槽式的沖水廁所，而安定門的糞場也漸漸廢棄不用了。所以我們今天吃的瓜果蔬菜幾乎都是化學肥料培育而成，雖然乾淨卻讓人多了層健康的憂慮。

不記得小的時候去過安定門，大概那裡對一個貪玩的小女孩來說，實在也沒有什麼有趣的東西。當然，那裡有個地壇公園，但是不過是個很平常的公園，除了從前皇帝每年一次要到那裡祭祀「皇地祇神」之外，周圍相當的荒涼，也有很多的墳地。

我出國以後，聽說那裡開始舉辦每年一次的春節廟會，熱鬧非常。

當然了，過去的墳場和糞場如今都不見了，取而代之的是高聳的樓房、頗具田園風貌的柳蔭公園、歐陸格調的人定湖公園，以及重新修葺過的地壇公園。如果來得巧，剛好遇見仿照清代乾隆時期祭拜儀式，可親眼目睹有威武儀仗隊護送皇上陛下拜叩的表演。

與南鑼鼓巷的不期而遇

Stumbling Upon Eight-Legged Alley

我們突然就站在南鑼鼓巷這塊胡同牌子面前，純屬是「踏破鐵鞋無處覓，得來全不費工夫」的運氣。

那天我們一早就打算去北城，那個我小時候曾經住過的小經廠胡同，故居「尋根」。才走出街巷，一輛公車迎面而來，空空蕩蕩的，沒什麼乘客，我們起鬨說，今天就坐公車吧。然後就上了那輛車，我甚至還沒有看清楚公車的牌號，猜想它該是開往鼓樓的方向。不料，公車左彎右拐，把我拐糊塗了，以為上錯了車，便對全家人說，對不起，好像不太對頭，趕快下車。於是全家人又慌慌張張下了車。

孩子們齊聲抱怨，媽媽你怎麼連自己原來住過的地方都不認識了？我連聲道歉，是啊，誰讓我二十多年都沒回來了呢。一邊說，一邊後悔剛才沒有坐計程車，然後一抬頭，就看到了車站旁邊頭一個胡同的牌子，醒目地寫著 「南鑼鼓巷」這幾個字。

我不禁轉而歡喜。

因為「南鑼鼓巷」是我近年聽到朋友無數次地提及，使我好奇，使我想去看看，卻又一直沒來得及認真排上行程的地方。

這一次與它不期而遇，正好可以順水推舟，改變計畫，先去南鑼鼓巷看看。朋友們說，此地已經成為京城又一處頗有名氣的夜店街。

當我把這想法告訴老公和孩子們時，他們自然一陣興奮，要去夜店街，當然是一件有趣的事，比看什麼什麼故居，當然好玩得多。

我環顧周圍的街道一番。然後發現，我們原本打算去「尋根」的「小經廠」胡同，其實就在南鑼鼓巷的斜對面。我們並沒有走錯路。

這真是太湊巧了。

看來，兒時的記憶，有時候相當模糊。特別是對我來說，要敘述七、八歲以前發生過的事，幾乎是不可能的。不像有些人，甚至能說得出兩歲時的時候被人抱著去了一個什麼熱鬧的地方、或者收到了一個什麼有趣的生日禮物。比如說，中國清代最後的皇帝溥儀，就能夠記得在他三歲登基的那天，天氣極冷，他被凍得渾身打顫，面對上百名跪在面前的文武百官，他被嚇得又哭又鬧的情景。他甚至還記得自己被放在一個又高又大的寶座上，拚命掙扎著要回家，讓跪在他面前的父親慌張得滿頭大汗，不停地哄著他，「快完了，快完了。」這句著名的口誤，後來一直被迷信的人們視為不祥之兆。皇帝的爸爸都預言大清朝快完了，它能不完嗎？而我呢，卻不行，完全不記得任何細節，偶爾努力搜尋，也許也只能能隱約找回一些片段或印象。

於是我又改口說，還是先去我小時候住過的地方看看吧，就在對面的胡同。三個人面面相覷，為了不使我掃興，只得說好吧。

就這樣，時過二十多年後，我重新走進自己出生後住過的第一個胡同——小經廠。

我相信自己遠不止二十年沒有回到這胡同。因為周圍的景象讓我覺得相當陌生，特別是剛一進胡同口的時候。只是當我們慢慢往裡走，我的感覺便奇蹟般的鮮明起來，漸漸開展開來的胡同內部，一戶戶窄窄大門的小四合院，青磚灰瓦，整齊的逐步排列，最後在一個寬敞的院門前，我站住了。

我知道，這就是小的時候自己住過的地方，儘管我根本記不得當時的門牌號碼，可是憑著直覺，知道面對的、這個寫著9號的院子，就是自己要找的地方，甚至還真的嗅到了某種似曾熟悉的味道。

不過，這地方在這些年裡，顯然發生了極大的變化。

遙遠的兒時的模糊印象一點一點的在我記憶深處甦醒，我彷彿突然看到四歲時候的自己，剪著娃娃頭，站在一進院門的傳達室門前，正吃驚地審視著對準我的相機。是的，那記憶來自一張發黃的老照片，同一時期的老照片還有另外兩張，歷經多年的忽視，去年被我爸爸在一堆故紙中發現。

這三張奇蹟般被保留下來的照片，便是我上小學之前在這個院子裡生活過的唯一紀錄。

聽爸爸媽媽講，他們是在一九五〇年代初期從東北人民藝術劇院調往北京。最初就住在小經廠這裡。那時候他們剛剛參與工作的中國歌劇舞劇院，隸屬文化部，如同其他的中央部委一樣，在建國初期時，「舊物利用」，占據北京一些老的大宅門和舊政府建築。

小經廠9號便是劇院財產的其中一處，屬於劇院的舞臺美術設計製作部。

我很想知道它的前身是怎樣一個地方。因為在整個胡同裡，它的占地面積最大，約有七、八個四合院的總合，並且完全不是典型的北京胡同裡四合院民居的格局。而是一進院門，先看見一長排青磚瓦房，然後正面是一個像舞臺那麼巨大的工作間，右側有長長的甬道，通往另一個很大的院子，四周又是長排的青磚瓦房，工作間的左側也有長長的甬道，曲徑通幽到一個隱蔽的四合院，而我們家當時就住在那裡。

我知道前面的一排房子曾經有過葡萄架，是從我小經廠的兩張老照片的其中一張上看出來的。當時是夏天，我穿著裙子，裙襬下溜出來半個褲衩，大約三、四歲的樣子，被太陽曬得有點昏昏欲睡，撇著八字腳極不情願地站在葡萄架的旁邊。另外一張老照片，是我和兩個年齡相仿的男孩子站在一起，當時被院子裡的大人們稱為「不可思議的組合」。原因是那兩個男孩子是全院公認的最淘氣的孩子，從早到晚不停的四處惹禍，而我，則是全院公認的乖乖女。套用我媽媽的話，我一定是在某一天冥冥之中受到什麼蠱惑，突然一反常態與那兩個男孩「混」在一起。而我，早就忘了當年的事，現在猜測，很可能是認為與他們一同爬樹摘棗、在沙堆裡打滾，比在家裡獨自玩布娃娃有趣多了。

那兩個男孩子的其中之一叫小黑，因為他的皮膚很黑；他的姐姐叫小白，與他的顏色正巧相反，他們的父母認為這樣稱呼他們的孩子不但貼切又順口。另一個孩子叫王小，雖然他已經五歲了，卻比同齡的孩子看上去小很多，院子裡的大人都說是他專長心眼不長個子的緣故。

➲南鑼鼓巷裡的四合院旅館
➲在胡同里等待拉客的三輪車伕

我們三個成了好朋友，每天玩在一起；我是說，每天在一起惡作劇。最登峰造極的一次，是我們躲在食堂附近牆角拐彎的地方，專門等有人從那裡路過正在拐彎的時候，大叫一聲跳出去，嚇人一跳，然後趁那人驚惶未定，大笑著一溜煙地跑掉。我們覺得這個新發明的遊戲非常好玩，便反反覆覆，樂此不疲，直到有一個老頭，剛從飯館買了一大盤熱氣騰騰的包子走過，被我們突如其來的襲擊照實嚇了一大跳，不僅把手裡端著的包子撒了一地，還跌坐到地上，捂著心口半天喘不上氣。我們知道闖了禍，便飛也似地逃回家裡。

自然，我們每個人都狠狠挨了一頓打，當作懲罰。

這都是我媽媽後來講給我聽的。

那張照片，就是那一天，不知道為什麼，我們三個竟然乖乖地安靜了片刻，老老實實地站在一起，讓大人拍下那不可思議的瞬間。

我猜想，大概是因為我們常常被父母忽略，不得不想盡辦法惡作劇，以期引起大人的注意。

五六〇年代，新中國剛剛成立不久，幾乎所有的人，特別是滿腔熱血的年輕人，我是指當時我的爸爸媽媽那一輩，都興奮而忘我地為紅色政權工作。那個時候，中國都發生了什麼呢？

那個時候，中國正開展第一個五年計畫和第二個五年計畫的經濟建設，信心百倍地要證明十年之後便可以超越英美等經濟大國成就；沒想到爆發朝鮮戰爭（韓戰），中國派出大量志願軍；同時間國內仍舊有足夠的力量大規模進行三反五反反右運動，順便也將蒼蠅、老鼠、麻雀、蚊子從四面八方趕盡殺絕（除四害運動）；緊接著是大躍進大煉鋼鐵熱氣騰騰地席捲了九百六十萬平方公里的土地，以致家家戶戶連做飯的鐵鍋都熔入了土法上馬的小高爐；接替而來的是三年自然災害和人為災害，足足餓死了一千五百萬人……

我的爸爸媽媽們，那時候約莫二十歲出頭，正是激情滿懷的年齡，與全中國所有的爸爸媽媽們一樣，在那些繁忙的年代裡，忘我地投入一場接一場轟轟烈烈的革命運動。他們白天工作，晚上開會，或者是晚上工作，白天開會，總之，我幾乎看不到他們的身影。

現在可再也看不到像他們那一代對事業和工作那樣狂熱那樣認真的人，即使有，也是鳳毛麟角。共產黨成功地培養出整整一代為了理想而忘我獻身的人。真的，不是幾個人，而是整個國家百分之九十五以上的大眾。

所以，整天忙著革命的爸爸媽媽，根本無暇顧及我，於是當我出生不久，就被送進劇院的寄宿幼兒園，每個星期足足有六天都住在裡面。試想，幼兒園裡孩子那麼多，老師怎麼可能照應到每一個孩子？況且為了易於管理，園裡還對這些可憐的孩子制定許多嚴格的清規戒律——諸如聽老師講話的時候，一定要挺直腰坐在小椅子上，兩隻手要背在身後；委屈的時候不許哭訴；吃飯時不許說話不許東張西望；玩遊戲時要保持安靜不許太高興也不許不高興；每天中午必須午睡三小時，睡不著也得躺在床上閉著眼睛假裝睡覺……直到星期天，我們回到家裡，自然就像掙脫桎梏的小野馬一樣，徹底釋放自我；我是說，做一些所有的孩子在那個年齡通常都會做的淘氣事情。

這些粗線條的回憶，都是出自我爸爸之口。如今他已經將近八十歲了，記憶深處密密麻麻封存許多故事。當我們兩個難得有空坐在一起時，他就開始幫助我回憶許多過去的事情。

可惜，他此時此刻沒有和我們一起站在小經廠的街巷裡，面對著這個寫著9號的院子門口。

這裡的變化實在太大了。可以說，已經面目全非。

原來的院子顯然被一分為二，中間隔了一堵厚厚的牆。一半屬於空軍的什麼機構，門外有人站崗，我們連往裡面張望一下都不容許，好像我們全家是帝國主義派來、穿著便衣的大小特務。我們只好識趣地退回到另一半。那裡門口豎著一塊牌子「中央戲劇學院宿舍」，原先寬闊的平地已經蓋起了高樓，樣子顯得陳舊，右手邊則有一個傳達室。

想到自己輾轉才找到這裡實在不容易，就決定上前推開傳達室的門，好好說明原委，試試自己的運氣，搞不好可以被容許進到裡面看一看。

傳達室裡的兩個中年女人顯然通情達理，儘管對我老公上上下下地打量了一番，最終判定他不過是個與我們一樣的同類，只不過胳膊和腿上多長了一些毛茸茸的毛髮而已，於是便寬宏大量地點了點頭，表示我們可以進到院子裡轉一圈。

我百感交集地在裡面轉了一圈，很快便走出來。院子的後大半截不知道在什麼年月被分割，我完全看不到那個小時候曾經住過的小四合院，以及那個深深的甬道盡頭的小廁所，我曾經在裡面擔驚受怕，時常提心吊膽蹲坑下面會伸上來一隻毛茸茸的大手。

出了小經廠胡同，我不禁吁出一口長氣。沒什麼可抱怨的，比起我的一位朋友的境況，我的「故居」雖然被改頭換面，至少還保留在原來的地方，而她的「故居」在城市最近幾年如火如荼大規模改建中，甚至已經在世間蒸發了。

於是我多少感到有些安慰，拐進了南鑼鼓巷。

南鑼鼓巷。這是一條長度大約一公里的有趣胡同。

說它有趣，是因為它的東西兩側又向外伸展出非常對稱、整齊的八條胡同，使它看上去很像是一隻氣定神閒的蜈蚣，而且還是隻運氣不錯的蜈蚣，因為歷經七百多年的風風雨雨，當別的胡同面臨著種種不同的噩運時，它仍舊毫髮未傷地匍匐在那裡。

我拖著全家人從頭到尾在裡面來來回回地走了兩趟，才總算對它找到一些感覺。

以「夜店街」定位這地方，我並不覺得酷。我是說，在北京著名的四條夜店街裡，三裡屯、什剎海、五道口都比它更加熱力四射，令人沉迷。

南鑼鼓巷的夜店，沒有光怪陸離的燈光、亢奮激情的音樂，不夠頹廢、不夠曖昧、不夠放縱也不夠洶湧澎湃。

反而更像溫吞的小酒館，裡面安靜地坐著三三兩兩竊竊私語的情侶、獨自酌飲的悶漢、久別小聚的知己。櫃檯後面賣洋酒，也賣中國口味的辣子肉丁披薩。

相較之下，夜店之間點綴的時尚小店，倒是格調各異，更吸引人一些。

那其中有供應起司蛋糕和提拉米蘇甜點的咖啡屋，側面書架上隨意擺放著看過的書籍和雜誌，舊式沙發旁一缸在清水裡悠然自得不停地吐出泡泡的魚，以及宛如搖椅帶狀般的綠色海藻；一家古香古色專門修復明清家具的木匠作坊，大大小小的掛屏舊匾暗示

➲南鑼鼓巷的小酒鋪

➲南鑼鼓巷的夜店

➲南鑼鼓巷的夜店

著曾經刻畫其中的一段段不同尋常的老故事；有文化人合資開設的音樂CD小店，不管是主流還是非主流，檯面上店家極力推薦的CD唱片琳琅滿目，教人看得眼花撩亂；還有一家經營印度風的服飾精品店，詭異的檀香裊裊環繞著色澤艷麗的異域長裙；另有製作木製檯燈的工作室，看似壅塞的空間卻錯落有致映照著盞盞柔美橘色的光環；當然也有為客人量身訂做的手工琉璃珠鍊首飾店，晶瑩透剔五彩繽紛得令人目不轉睛；一旁尚有賣羊雜湯、炸灌腸門、釘肉餅的京味小吃店，固執地堅持薄利多銷才是正經生財之道；一家以麻線裝訂牛皮紙封面的手工記事本專賣店，經過精心繪製惟妙惟肖的京劇臉譜和十二生肖，顯得古樸稚拙充滿與眾不同的獨特創意；更有號稱「只此一家別無分店」的密製宮廷乳酪的甜品店，雙皮乳酪和楊梅豆腐飄逸出糯米的芳香，令人流連忘返。

不用說，這些特色小店為南鑼鼓巷胡同增添時尚的元素，使它人氣越來越旺。

但是就我個人來說，我倒情願南鑼鼓巷裡沒有如今這些令人眼花撩亂的夜店和特色小店，只保留歷史上老胡同的原有風貌，也就是原來巷子裡的老風景和老住宅。

因為僅僅是老風景和老住宅，已經使南鑼鼓巷的人文風景精彩可期。

南鑼鼓巷這個地方，一定是一塊風水寶地，原因在於方圓一公里左右的範圍內，有

南鑼鼓巷的CD小店

南鑼鼓巷的時尚小店

許多歷史上的顯赫人物曾在此定居。上至清代末年皇后婉容、北洋時期大總統馮國章，民國總統孫中山和蔣介石、民國代理國務總理靳雲鵬，下至明代崇禎三邊總督洪承疇、清慶親王奕劻、晚清名將僧格林沁、光緒年間大學士文煜，以及社會名流畫家齊白石，著名現代作家矛盾、鐵路工程師詹天佑，全都在這蜈蚣的八腳地帶生活過。

我們循著這些名人的老地址，將他們住過的宅院，大致走過一遍，滿眼所及，都是廣亮大門、精美磚雕，只是站在婉容的故居帽兒胡同35號和37號時，有些驚訝。這位被搬上銀幕和寫入小說上百次的末代皇后，出嫁前住的地方看起來卻相當的平凡。我是說，對普通人來說，兩個大宅門相連的院落已經十分闊氣，可是作為皇后娘娘的故居，就顯得過於簡單樸素。也許是因為我們看不到裡面，就很難猜測它確實的模樣，只好根據外門顯現的外貌兀自判斷。

是的，那門看來顯得衰頹殘敗。

西元一九二二年十二月一日零時，中國最後一位末代皇帝「溥儀」派出金碧輝煌的鳳輿，就是來到這條胡同，從這座貌似樸素的宅門，迎娶他如花似玉的十六歲新娘婉容。

那一次中國歷史上最後的皇帝大婚，轟動京城，雖然當時溥儀已是廢帝，失去大片江山和一國之王的政權、軍權、財權，被成立不久的中華民國限定只能居住在紫禁城內。但是在臨時大總統袁世凱對清皇室的《優待條例》下，仍保有皇帝的尊號和侍奉他的內廷。所以朝廷堅持他的婚禮要與已往的皇帝相同排場，要遵照祖制選擇吉日良辰，要像清朝歷代皇帝那樣，從紫禁城的正門午門迎娶皇后的喜轎。

←末代皇后婉容的故居

↓婉容入宮的東華門

於是，欽天監的官員根據「天意」；我猜想該是歷書八卦，將吉日良辰定在子時。這裡，不免要插句話，其實就是在現代，很多人也是誠惶誠恐的選擇良辰吉日嫁娶。知道為什麼二〇〇八年結婚的人比以前和以後都數量銳減嗎？因為按照農民曆的說法，是「無春年」，也就是民間所說的「寡婦年」。中國農曆鼠年開始於二〇〇八年的二月六日，而它的立春是二月四日，因此恰巧落入剛剛過去的豬年裡面。從農民曆上找不到「立春」這一天，因此迷信的人就認為在沒有立春的年裡，嫁娶不吉利。依我看，這純粹是無稽之談。怎麼可能所有在二〇〇八年結婚的人，都會不約而同地成了寡婦了呢？那麼，二〇〇七年結婚的人呢？按照農民曆的解釋，那一年共有兩個立春，那是不是意味著那年結婚的女人都會紅杏出牆呢？

太荒唐了。

不過對皇上來說，一舉手一投足都會牽扯到「江山社稷」的利益，因此，每做一件事，自然都要先徵求老天爺的意見。所以，如果「天意」讓他必須在「子時」結婚，也就是從晚上十一點到半夜一點的時間，他也只能遵從天命。

選擇「子時」，為的是在皇后的轎子「升」和「降」的關鍵時刻，避開據說是非常不吉利的亥時（晚上九點到十一點）、卯時（清晨五點到七點）、未時（正午一點到三點）這三段時間。

相信現代的年輕男子女子絕不會願意將婚禮定在半夜舉行，那樣的話，花了很多錢租來的保時捷、寶馬、凱迪拉克等豪華禮車隊，在漆黑如墨的深夜如何炫耀示人呢？當然皇帝是不必擔心這一點的，他永遠會有觀眾。

並且他似乎也永遠不缺錢。儘管在他結婚時，國庫已經空絀，內務府大臣們為了清室的顏面，不惜從內庫提領四十多箱翡翠、珍珠、金銀財寶、瓷瓶、玉器，交給東交民巷的英國匯豐銀行作為抵押品，換得百萬餘元作為婚禮的經費。這一批國寶，當然從此再也沒回到內庫，後來變成白金漢宮擺設的一部分。

至於迎娶的皇后從紫禁城的正門午門入內，在當時倒是一個大難題。因為民國以後，紫禁城的前半部已經屬於北洋政府，正門午門是前半部的一部分，清室當然無權使用。可是按照清朝的老規矩，迎娶皇后必須從午門進入才算正式。無奈，重臣與北洋政府協商，最後只有特例為皇后開啟東華門，才使得溥儀沒有顏面盡失。

然而，接下來的歷史我們都知道，婉容這位末代皇后並沒有得著善終，享盡人間富貴，而是在四十一歲死於戰亂中國吉林省的一所監獄裡。臨死之際，身邊沒有一個親人。

當我將這段歷史告訴給我的老公和孩子們時，他們說可以拍成一部不錯的電影，不過眼前最要緊的，是找個不錯的地方吃晚飯。

這當然是及時的建議，而我們碰巧正走在一家叫作「鑼鼓洞天」的小飯館，覺得這個名字看起來生氣盎然、熱鬧非凡，於是便決定進去看看。

結果，立即發現裡面果真鬧哄哄，高堂滿坐，因為我們沒有事先訂位，完全沒有可以容納我們入座的空間，幸好有人臨時取消訂位，我們一家四口才有機會得以側身擠入用餐。

這家小飯館給人的感覺就像是法國鄉下的飯館，桌椅子擺放得幾無空隙，用餐的客人比肩而坐，彷彿彼此十分熟識，彌漫著平易近人的氣氛。飯館牆壁上擺滿無數張照片，高高懸掛的小燈籠則帶有一種藏族人家的味道，這些店內陳設與食物無關卻點綴出浪漫風情。

我們點了幾樣石鍋菜，果然味道不俗，美味可口，因此又給了我新鮮的啟發。

回家後，自然按照這些年在國外的習慣，認真琢磨，如法炮製出一鍋香噴噴的石鍋拌飯，博得了全家人的大力讚賞。

南鑼鼓巷的小菜館

盛名之下的「九門小吃」

Treats from the Nine Heritage Snack Houses

「九門小吃」顧名思義，就是表示有九家專門提供老北京著名小吃的老字號嗎？

我原來以為如此。

後來經旁人指點，才明白其中的意思，其實我只猜對了一半。著名的老北京小吃不假，而「九門小吃」的「九門」卻不是指九家小吃店，而是隱喻老北京內城裡面的九座城門。正確的意思是指，京師九門裡有名的小吃。這也讓我恍然大悟為什麼「九門小吃」實際上是包括了十多家著名的傳統老店，而「九門小吃」這幾個字，聽起來給人有那麼一些古典又有那麼一些懷舊的感覺。

然後又進一步被告知，這些曾經名譟一時的小吃店，以前大都分布在前門大柵欄一帶，因為如今這個地區的街道改造，所以暫時不得不停止營業。但是京城的老百姓對於他們日常生活裡原本熟悉、十分依賴的東西，突然就消失不見，覺得非常不滿意、非常的不舒服，因此也就不肯遷就，即使是短暫的一段時間也不行。於是，在一個稱為「老北京傳統小吃協會」的奔走呼籲之下，政府同意在什剎海選一塊地方，讓這些老字號小吃店可以繼續經營。

從這兒可以看出，普通人的聲音如今在中國越來越有了分量。

就這樣，「九門小吃」現在就暫時落腳在什剎海。可是，什剎海可不是小地方，那麼大一片，這「九門小吃」到底在什剎海什麼地方呢？

我們第一次去的時候沒找到，因為自以為對什剎海很熟，評估這樣著名的小吃聚集地一定位於前海一帶。那邊緊臨地安門大街的正門，又有荷花市場，又有成排的夜店，傳統小吃擠在其中湊熱鬧，似乎合情合理。想不到，我們來來回回沿著前海河沿走了兩趟，也沒有看到「九門小吃」的招牌，就連空氣裡也嗅不到一絲絲京味小吃特有的甜膩油香味，最後只能敗興而歸。後來向朋友打聽，才弄明白這「九門小吃」偏偏選擇後海一處相當僻靜的角落落腳，僻靜得讓許多遊客即使從它旁邊「擦肩而過」，也不容易覺察。

於是第二天我們又去了一次，才終於找到了它，還是因為一路不停地詢問看上去像是住在當地的路人後，才在後海北沿的一處不起眼的胡同裡，才終於看到它的招牌。

「九門小吃」占用的是一座古香古色的四合院。門前懸掛著大紅燈籠，庭院裡有迴廊、假山、水池，看起來挺有文化的意境。

我帶著全家興沖沖地走入，這才發現裡面竟然「別有洞天」。

我是說，整個店堂裡明顯的渲染出中國傳統的色彩 —— 八仙桌椅、寫意的山水畫、泛黃的老照片、白紙裱糊的窗櫺、來自鄉下淘換丟棄的小擺設，以及厚實原木的匾額上，方方正正的篆寫漢字，還有穿著對襟小褂的年輕女侍、胳膊上搭著一條白色手巾的跑堂夥計，然後是狹長走廊兩旁那一碗碗一碟碟令人眼花撩亂的滷煮小腸、豆腐腦、乳酪、牛骨髓茶湯、豆汁、驢打滾、切糕、褡褳火燒、爆肚、芥末墩……等等，讓人恍若時光倒流一般，只是太過工匠，顯得十分不自然。

我相信百來年前，或者可以推得近一些，十來年前，北京小吃的老掌櫃們斷然也想像不出會有如今這般排場。

是的，傳統的北京小吃在剛開始盛行之際，哪有什麼正式店家、賣場，幾乎都是人們從肩挑、手提走街串巷而起。

像是那碗又香甜又厚實的牛骨髓茶湯，聽起來好像是茶，其實和茶毫無關系。它以麵粉為主要原料，用牛骨頭裡的骨髓油慢火將它炒至淺黃色，再加上青紅絲、碎核桃、葡萄乾、芝麻、瓜子、白糖等佐料拌炒而成，也就是我們平常說的油炒麵。賣牛骨髓茶湯的小販，每天早上挑著一根扁擔，一頭挑著大木桶，木桶上放著有蓋子的玻璃小櫃，裡面放著炒好的油茶、佐料、碗和勺子，一頭挑著晶亮的大龍紫銅茶壺，走街串巷的大聲地吆喝，一等到有人來買，便立即拿出一個小碗，放入炒麵，然後兩腳分開，雙臂拉平，一隻手提起銅壺，一隻手微微晃動小碗，碗口離壺嘴足足有一尺多遠，就見滾燙的開水徐徐注入碗內，只消幾秒鍾，便沖好一碗香濃的牛骨髓茶湯。據說，這樣沖茶的本事，是賣茶湯師傅的絕活，熱水沖出茶壺，不偏不倚地流瀉到碗裡，絕不能讓一滴水珠飛濺出來。在寒冷的冬天，能吃上這樣一碗茶湯，身體立即就會變得溫暖。

我不記得小時候是否吃過街上的茶湯，但對自己家裡做的油炒麵卻記憶深刻。我一直住寄宿學校，每星期一回學校的時候，媽媽只要有空，就會為我做一罐自己在家用黃油代替牛骨髓作成的油炒麵。我帶到學校，常常是不到一天就與同屋宿舍的同學分吃光光。時至今日，我倒是還記得媽媽做炒麵的方法，有一次我做給女兒吃，竟然得到她的賞識，並且成為她最喜歡的下午茶之一。

其實方法很簡單，只要有耐心加上一點兒創意，便可以調製出既可做早點又能做中式下午茶的茶湯粉。

茶湯粉（油炒麵）

原料： 黃油／香油、中筋麵粉、適量桃仁、芝麻仁、瓜子仁、桂花、冬瓜果脯、青紅絲等。

做法： 將黃油或者香油放進炒鍋熔化，再倒入麵粉，小火慢炒，讓水分蒸發出來。當麵粉炒成小顆粒時，再鏟出放至面板上，用桿麵棍壓平，再放回鍋裡小火翻炒，直到變成成金黃色，在放到一旁冷卻後備用。

加熱炒鍋，放入一點香油，將所有的果仁放進鍋裡炒熟，放涼備用。

稍後再將冷卻的炒麵粉，加上果仁、切碎的冬瓜果脯、青紅絲等材料一同攪拌，就大功告成囉。吃的時候，只要用熱開水沖泡即可。

小叮嚀： 沖炒麵時，要用剛燒好的滾燙熱水，否則便成為清湯寡水了。

（編注：神似台灣的麵茶）

喜歡吃甜的茶湯的人，可單獨加一些糖；喜歡吃鹹的茶湯的人，可在炒麵的時候，多加一些鹽。真正的茶湯，我是說，那種帶有茶葉清香的炒麵，通常是先將茶沖泡好，再濾去茶葉，之後再用茶沖炒麵，就會有濃濃的茶香了。

用牛骨髓作出的炒麵最道地，保存的時間也最長久。據說因為回民外出辦事的時候，若是找不到清真飯館，常常得面臨無東西可吃的窘境，於是便發明牛骨髓炒麵，只要有熱水，隨時隨地都可以沖泡香噴噴的炒麵。

除了牛骨髓茶湯，「九門小吃」裡的乳酪也是一種好吃又可以自己在家做的小吃。得聲明在先，「九門小吃」裡的乳酪與我在國外吃的不同，比較甜、帶有濃醇的酒味。相傳這是從清代宮廷裡傳出的御膳，其中做得最好的是一位已經作古叫作魏鴻臣的前清老人。如今繼續這門營生的是魏家第三代傳人，曾在前門大街門框胡同經營一家小店，遽聞樣貌簡單樸素，客人卻是絡繹不絕。

魏家的乳酪獨樹一幟，特別是一種叫作「合碗酪」，將裝載的容器倒扣，乳酪也絲

有老北京的味道

赫赫有名的九門小吃

毫不灑。後來因為乳酪越來越受到人們喜愛，最後成立中央廚房，開始量產，交給小販沿街叫賣。

我小的時候，常常跟媽媽去金魚胡同附近的乳製品店吃乳酪，所以便養成只愛吃中國乳酪的口味。出國後，總認為國外的乳酪不夠「正宗」，於是便在自家裡做起「正宗」的中國乳酪，至今樂此不疲。

老北京乳酪

原料：牛奶、白糖、江米酒（米酒也可代替。我知道在不同的國家只能買到不同的中國食品，只好因地制宜）。

步驟：

1 將牛奶和江米酒按照3：1的比例，倒入一個大碗裡，放入白糖攪勻。

2 放入鍋裡蒸二十分鐘，或是微波十五分鍾，取出，待涼。

3 放入冰箱冷藏大約一小時左右，就可以了。

當然，如果夏天回中國，我一定是去乳酪店吃乳酪，顯然那裡做出來的乳酪比我的更道地也更美味。我的兩個孩子都這樣認為，我也只好承認如此。

⬇➡九門小吃內景

⬅老北京的切糕

「九門小吃」當然不只有甜食，也有鹹味的點心，比如，滷煮小腸就是北京小吃裡又一樣我比較喜歡的小吃。不過，得說清楚，因為是在小的時候吃過的，覺得它香噴噴滑溜溜的，咬在嘴裡很Q，因此也就愛上了，當時並不知道它是什麼東西。長大了才知道，自己喜歡吃的滷煮小腸竟然是以豬的腸子為主，然後加上一些豬心，豬肺，豬肚等內臟做出來的！差點沒讓我嘔吐，如果可能，我真想把從小到大所吃的滷煮小腸都從身體裡清出。試想，腸子是身體器官裡最包羅萬象的地方，比如說未完全消化的食物的渣滓、被排除的廢物、各式各樣的細菌、五花八門的毒素等等。而豬則是被公認為所有哺乳動物裡最骯髒的。牠什麼都吃，其中也包括「屎」！

當然，我沒有這樣做，噁心的感覺在聞到滷煮小腸的那一瞬間，便不由自主地拋到了腦後。

沒辦法，熟悉並且喜歡了的口味是很難顛覆的。這足以可以解釋為什麼有人在吃蠶蛹、蠍子、螞蟻等令人不可思議、掩鼻迴避的東西時，可以旁若無人，吃得津津有味。

吃滷煮小腸最好的去處是著名的小腸陳。原先在前門的門框胡同，門很小，比較簡陋。但是絕對不妨礙新老顧客絡繹不絕地前來大飽口福，甚至在冬天最冷的時候，人們冒著西北冷風排隊也在所不辭。那翻滾一百多年的老湯，本身就是十分吸引人的特色。

對動物的腸子肚子素有偏見的人，不妨去試試，因為小腸陳的滷煮小腸絕沒有腥臭的怪味，且凡是吃過的人，全都稱好，並且相繼上癮。

相傳，滷煮小腸已有上百年的歷史，最早同樣也是起源於宮廷。只是當初並不是滷煮小腸，而是滷煮五花肉，又叫「蘇造肉」。按照野史的說法，乾隆下江南時，曾在陳元龍家首次吃到陳家掌廚的滷煮肉，其中大量投入的丁香、蔻仁、肉桂、甘草、砂仁、桂皮、廣皮等多味香料，使這道菜盈滿濃郁的香氣，頓時得到乾隆的喜愛，並傳入宮裡。之後，又輾轉流回民間，在一位叫陳兆恩的掌櫃的手裡，由滷煮五花肉變成了滷煮小腸。想必是豬腸子等內臟比豬肉更有「人緣」，以至成為廣泛被老百姓喜愛的小吃。

我也在家自己做過。不是滷煮小腸，小腸在國外是「稀有物資」，難得在超市看到，因為在屠宰場就直接扔進了垃圾箱，或者是送進了飼料加工廠。不過即使能夠買到腸子，我也不會花很多時間去用鹽鹼反覆搓洗。

我在家裡做的是將滷煮小腸換成滷煮五花肉。按照滷煮小腸的傳統方式，先將五花肉焯至半熟，然後切成段放入鍋中，加入花椒、大料、豆豉、茴香、蔥、薑、蒜、醋、腐乳，慢火小墩，同時濾除浮油和血沫。

喜歡滷煮小腸的人多半也喜歡爆肚。說起來，它們都同樣是「非主流」的吃食，在資源富足的地方，通常人們是不會想到吃它們的。

賣鹵煮火燒的師傅

什麼是爆肚呢？就是牛和羊的胃。像處理豬腸子一樣，牛和羊的胃也要加工一下，才可以料理。據說，一隻小小羊的胃，可以分出十三個部位，最好的部位是被稱為「肚領」和「蘑菇尖」的地方，在羊胃裡占的面積非常小，所以物以稀為貴，要很多隻羊才可以湊足一盤。

我沒有打算在「九門小吃」裡吃爆肚，因為只對前門大街門框胡同裡的老店「爆肚馮」情有獨鍾。我幾乎每年回北京都要去那裡，有時候吃爆肚、有時候吃涮肉，順便與站在櫃檯後面「爆肚馮」的第四代傳人馮伏生閒聊兩句。小馮完全不像祖籍是山東的人，個子不高，也不魁偉，說得一口北京腔，待人和善有禮。在他店堂的牆壁上，有他祖宗的照片和店鋪發展史簡介，還有一些與名人的合照。想當年他的爺爺在京城「爆肚界」曾是響叮噹的人物，壟斷供應皇家御膳牛羊肚的專利，靠的全是捨得花錢精選材料，款待他的顧客。

這鐵定是毋庸置疑的。想作出味美道地的爆肚最關鍵的第一條便是選材：一定要是當天宰殺的新鮮牛羊的肚子；第二條是刀工：根據肚子的不同部位，切出不同的花樣，不是為了好看，而是在放入鍋裡時，容易料理；第三條是「爆」的火候：要在沸水中迅速燙一下，幾秒鐘即可，否則便會變硬；第四條是調料：因為肚子是用清水川燙的，沒有味道，因此全憑放在一只調味小盅裡的蔥花、香菜、蒜汁，辣椒油，醬油、米醋、芝麻醬、香油、豆腐乳、蝦油，來調味；最後，第五條，吃的時間：要在剛剛出鍋的時

←爆肚馮的第二代傳人
↓爆肚馮最新掌門人

候，趁熱吃，才能品嚐到脆口的感覺，正宗的老店都不會將顧客點的爆肚一下子全部端上桌，而是吃完一盤，再上一盤，始終保持在最佳火候的口感。

沒有吃過爆肚的人，應該放下戒心，親口嚐一嚐，因為那吃在嘴裡新鮮甘甜又香嫩的感受，真的不亞於鮮干貝呢。

說到爆肚的刀工，不得不恭維一下「羊頭馬」的刀工，因為實在是太厲害了。我從沒有吃過白水羊頭，聽說只用清水煮過，我擔心那羊羶味，如何去除。不過「九門小吃」裡的「羊頭馬」，是間有著一百五十年歷史的老字號，想必他們的清水煮羊頭一定是極特殊的味道，不然也不會流傳至今。我有幸在「九門小吃」看到「羊頭馬」的夥計正在切羊頭肉，那令人眼花撩亂的刀削技術，實在讓我驚異不已。況且那飛落而下的羊肉片，薄得透亮，像紙一樣細薄，實在是絕活。身旁的客人多數買一份白水羊頭，沾上用丁香和花椒煨炒出來的細鹽，吃得一臉沉醉。

當然，「九門小吃」裡的小吃除了茶湯李的牛骨髓茶湯、乳酪魏的乳酪、小腸陳的滷煮小腸、爆肚馮的爆肚、羊頭馬的白水羊頭以外，還有月盛齋的醬肉、恩圓居的炒疙瘩、德順齋的燒餅焦圈、年糕錢的年糕拼盤、豆腐腦白的豆腐腦、褡褳火燒、張一元的飲品等等，每一個店家又有五花八門的品種，門釘肉餅、驢打滾兒、螺絲轉兒、栗子麵窩頭、芸豆卷、豆汁兒、豌豆黃、糖卷果、愛窩窩、薑汁排叉、奶油炸糕、糖耳朵、子麻花、沙奇瑪、炸灌腸、炒紅果、酸梅湯、杏仁茶、藕粉、糖火燒——不是那種簡單

➔什錦小吃
➔什麼都嚐一點兒

地往裡面加糖就完事的，而是在發好的麵團裡放進麻醬、花椒鹽、小茴香等作料，反覆地鋪平折疊，烤出來的火燒裡面有十幾層的濃香，外焦裡嫩，香氣撲鼻。

真是洋洋灑灑，應有盡有。

由此可見，老北京人是生下來就非常的有口福了。

所以外地人說，老北京人有口福，是因為他們嘴饞、嘴刁，而且在吃東西上極為講究。這倒說對了一半。

老北京人不僅講究吃的東西、吃的味道，而且也講究吃東西的季節，也就是當令的食物。

比如冬季寒冷，十二月份的時候，老北京人就開始張羅喝熱呼呼的臘八粥。先將紅棗泡軟，加上紅小豆、紫米、江米、花生、核桃仁、栗子、菱角米等稠稠地熬煮成粥，專門在八號這一天吃，為了祭奠鬼神，也為了賑濟窮人。

然後一月份的時候，過年吃年糕、吃元宵，再加上入冬時各家各戶買的許多柿子，大大大小都放在室外的窗臺上，等凍上冰碴以後，拿到屋裡稍微融化，咬一口，滿嘴甜絲絲沁涼涼的蜜汁，妙不可言。

春暖花開季節，立春那天要吃春餅、香椿炒雞蛋；到了清明節要吃豌豆黃、芸豆糕以及清新嫩綠的頭茬韭菜。

立夏即喝綠豆粥、荷葉粥、吃水晶肉、杏仁豆腐、蓮子洋粉、西瓜盅、水蜜桃。仲

↖紅棗枸杞羹
↑老北京的早點
←炸松果

夏八月有月餅，重陽九月有花糕。

秋天將近，吃螃蟹已成為最隆重的事。一手擎著金黃的秋蟹，一手舉著溫熱的花雕酒，人生的快意，不過如此。

由此看來，是不是有點像法國人，執意要在特別的季節進補特別的東西，已然將食物視為不僅僅是維持生命、講究味道，而更像是一種生活方式了。

不過說來慚愧，上面寫的這些老北京的小吃，我並不知道幾樣。過去住在國內的時候，只崇尚「舶來品」，麵包、奶油、果醬、牛奶、咖啡這類東西，是最願意列入早餐的名單裡的。至於「國粹」── 豆漿、油條、麻花大餅等等，則被視為是「老土」的東西，從來不屑一顧。

只有後來到了國外，不知道怎麼回事，突然有了一百八十度的大轉彎。對身邊應有盡有的洋玩意，麵包奶油果醬牛奶咖啡，倒失去了興趣，而對那些在外國的超級市場裡鮮少露面的豆漿、油條、麻花大餅，反而朝思暮想，甚至四處在親朋好友裡打聽「民間自製食譜」，然後花幾個小時在家裡的廚房笨手笨腳地學做豆腐腦、油條、芝麻火燒。

這是不是人們常說的，人最想要的，是自己沒有的東西；最不珍惜的，是自己擁有的東西。

我想是的。

所以到了「九門小吃」，看到眼前琳琅滿目的各種食品，我當然就忍不住買了一大桌子自己認為是好吃的東西，結果，沒想到老公和孩子們卻出乎意外地並不怎麼欣賞北京小吃，剩下了的只好打包帶回家了。

我一連吃了很多天，以至接下來的假期裡，再提到北京小吃，我反射動作一般，連連打嗝。

國子監的困擾
Guozi Mansion Obsession

國子監可以算是地名，位於北京的東北方向，地名來源於一個古典而又悠久的建築，它是中國最後三個朝代——元、明、清代的最高學府，也是最高教育官府，用現代的話來說，就是大學兼教育部。

北京國子監始建於元代成宗大德十年（西元一三〇六年），當初的建築已經無跡可循，唯有一棵柏樹和一棵槐樹蒼老頑固地佇立在那裡。明代以後，重修了國子監，有牌樓、亭台、樓閣，形成頗有規模的大型三進式四合院結構。清代時，在國子監的中心位置修了一座「辟雍」，四四方方的黃色琉璃瓦大殿，周圍有水池迴廊環繞，是專門供皇帝講學的地方。

恐怕也是因為如此，這個辟雍大殿結構巧妙，整個廳堂沒有一根柱子，據說是為了讓皇帝在說話的時候，視線可以遍及每一位聽眾。那麼，沒有柱子，大殿的屋頂靠什麼支撐呢？靠的是精心算計過的斜置的橫梁。

真是一種相當聰明的設計。

聽說，當年清代皇帝講學最盛的時候，是乾隆朝代。這位以風流和孝順著稱的皇帝，為重建國子監花了國庫大把的銀子。他之所以對國子監情有獨鍾，是因為在他登基第十六年之際，為他的母親過生日的時候，國子監裡已經枯死幾十年的古槐，竟然死而復活，長出綠芽。乾隆皇帝看了既驚奇又驚喜，認為是一種吉兆，馬上下令撥款，大事修葺國子監。並且從此以後，每年的二月和八月，都會親臨國子監，主講《大學》和《孝經》。

能夠親耳聽到皇帝講學，無疑是件幸運的事。就像文化革命期間，能夠受到領袖的接見，聽他談話，無疑也被很多人認為是件令人興奮的事一樣。這就是為什麼千百萬民眾不惜一次、兩次……乃至八次從全國各地串聯到北京，在天安門廣場苦苦久等數日，然後當領袖遠遠地在城樓上亮相，通過高音喇叭傳達出，「同志們好」、「小將們好」、「我支持你們」等斷斷續續的問候，便足以讓整個廣場上的群眾熱血沸騰，激動得流出熱淚。

不知道在國子監辟雍大殿聽乾隆皇帝講學的監生們，是不是也沐浴著一種幸福感？

不管是與不是，在那個時代，即使入讀國子監、即使聽皇帝講課，要想謀求官職，仍舊得在科舉制度嚴格的控制下，一步步經過各級考試，從底層被選拔出來。所有的考生先得參加省城的「鄉試」，考取的人被稱為「舉人」，接著再參加京師的「會試」，考取的人被稱為「貢士」，最後參加「殿試」，在朝廷上由皇帝親自考試，考取的人被稱為「進士」。其中又根據成績，再分狀元（第一名）、榜眼（第二名）、探花（第三名）。

據說，當時每年有超過百萬人參加各級科舉考試，卻只有十人有資格參加殿試，最後由皇帝欽定，得以金榜題名當然就剩下三個人。

「金榜題名」這四字，若是翻譯給我先生和兩個孩子，按照字典的中譯英的意思，就成為“to succeed in a government examination”，或者“to emerge successful from a competitive examination”，看起來多麼平淡。想想那些應考的考生所經歷的十年寒窗苦讀、那些曾聽聞的懸梁刺骨、秉燭達旦、囊螢映雪，都被這種簡單的譯文一語帶過，完全無足輕重。

➲國子監街的老牌樓
➲成賢街的老牌樓

而若是翻譯「懸梁刺骨」、「秉燭達旦」、「囊螢映雪」給他們聽，就更困難了，不僅有技術上的“lost in translation”的可能，而且其中的文化隔閡也會使我先生加上我那兩個孩子，困惑不解。

他們一定會追問，為什麼要「懸梁刺骨」？古代那個叫蘇秦的是不是讀書讀傻了？他讀書的時候，非要用繩子把頭髮拴在房頂的梁柱上，然後在打瞌睡的時候，揪得自己那麼痛嗎？為什麼他半夜讀書睏倦的時候，要用錐子刺自己的屁股，那會不會流血？他幹嘛非要逼迫自己作這種「頭懸梁，錐刺股」的事？他簡直是讀書讀昏了頭。難道他不懂得晚上睏了，就應該睡覺，第二天才可以有精神讀書嗎？

我無言以對，他們說的有道理，讀死書，死讀書，都是健康的大敵，沒有了健康，取得再大的功名，得到再多的錢，又有什麼用？

接著又會批評那個「秉燭達旦」的關雲長。說，點著蠟燭，整個晚上一直都在不停地讀書，這不是自我折磨嗎？然後鼓吹這個故事的人，再用他的故事折磨其他的人。

至於「囊螢映雪」，更讓他們對晉代那個叫車胤的，多少有些耿耿於懷，說既然家裡沒錢為他買油燈在晚上讀書，就不要讀了嘛，等到第二天天亮以後再讀啊。抓一群螢火蟲放在布袋裡，藉著它們的光亮讀書，簡直是傷害小昆蟲、小動物。

↑國子監正門
→國子監內景

我被他們的議論弄得哭笑不得。這就是國情不同。中國人用這三個典故一代一代教育自己的孩子，讓他們學習古人的榜樣刻苦讀書，這般嚴厲的自我鞭策，情非得已，而是時勢所逼。

試想，在中國這樣一個人口眾多的國家，不競爭，哪有機會？再說，如果科舉不是當時窮人升官發財的唯一出路，有誰願意如此艱辛刻苦向學？而這一千六百年之前，在中國開始實行的「面向大眾，統一考試，擇優錄取，平等競爭」的科舉制度，我認為，是相當公平的，在那時，可以算是一種先進的選官制度。

所以，國子監是個平臺，可以瞭解中國教育制度的歷史，對我那兩個正在讀高中的孩子來說，搞不好是個不錯的選擇。

再說，雖然我小時候沒有住過國子監一帶，但是後來讀大學以後，經常在下午去那裡的首都圖書館看書、查資料。將近四年的時間，無數次走進那條有著老槐樹濃蔭的老街，邁入那高深的門檻和破舊的大殿，使我對它有一種很特別的懷舊情懷。

我很想知道，那裡如今是不是有了一些變化。二十年了，是的，我幾乎有二十年沒有再去過那條街了。

我們是從國子監街的西口進去的。

這條從元代起就形成的街巷，看上去依舊古老如昔。這讓我有點驚奇，也有說不出來的高興。

夾道兩旁植滿茂密的古槐優美的伸展，點綴出舊京街巷的古樸風貌，高高矗立的四個巍峨的彩繪牌坊，黃色琉璃瓦在陽光的折射下，閃閃發亮，金碧輝煌，在老北京原有的三百多座牌坊中，能夠倖存下來，已算是稀罕。

街的北面便是國子監，旁邊是孔廟。孔夫子從來都是作為先知先覺的聖賢受人膜拜的，將他的廟宇緊連著學堂，似乎順理成章。

我們進了朱紅大門，迎面而來的是又一座琉璃亮瓦的牌坊，兩面寫著意味深長的對聯，分別是「圜橋教澤」和「學海節觀」，留給古今文人們歷久不衰的話題。

再往前走，便是辟雍正殿，看上去很像是天壇的祈年殿，頗有氣派。不過吸引我的孩子們注意的，不是瑰麗的重簷尖頂建築，而是它的石橋兩側熱熱鬧鬧地掛著的許願牌。

國外長大的孩子，對「許願」這種事情，大概相當陌生。唯一有印象的，可能是在每年過生日的時候，一口氣吹滅生日蛋糕上點燃的蠟燭，然後閉上眼睛用幾秒鐘的時間，默念一個wish。那許願多半是些「我希望今年收到的生日禮物裡有最新的芭比娃娃」、「希望我們的小狗巴瑞克長命百歲，別像鄰居家的那隻長捲毛那樣莫名其妙地就死了」、「我希望祖母夏天來看我們，並且從她的花園裡帶來一箱新鮮草莓」、「我希望我的好朋友尼娜明年從西班牙來看我，因為自從我們分開後，我就沒有交上一個知心的朋友」，「我希望我臉上的雀斑別像雨後春筍那樣層出不窮，最好下星期三以前完全消失，這樣在麥克家的週末舞會上，我就至少可以受到超過一打以上男孩子的邀約」……

會不會有人許願考上一所知名大學呢？相信會有，但是寥寥可數。再說，通常孩子們不會把它說出來，沒有把它當成一件了不起的大事，更不會把它寫在紙上，陳列在大庭廣眾面前。至少我的孩子們的學校裡，很少有人會這樣做。他們認為整天把學習、考試、分數這樣的事情掛在嘴邊上的人，是天底下最大的nerd，沒人願意與其做朋友。

而眼前這裡，辟雍殿石橋的兩側護欄上，掛滿了帶有穗子的紅色的小木牌，每個小木牌寫著一段話，是專程前來許願的孩子們和他們的家長們留下來的。諸如：

「願我考上重點大學，我的父母會為此欣慰的。」

「願我今年考上清華，真心祈禱。」

「上帝保佑，願我考中第一志願。」

「保佑我的女兒考上北京電影學院吧。」

「願在新的一年裡，我的成績排名能逐步提升。」

「我要上北京大學，像我哥哥那樣。求老天保佑。」

「但願我能上知名高中，我不想再讓我的爸爸媽媽傷心了。」

「希望我的託福成績考六百六十七分！希望我今年能出國留學！」

「希望考進全年級前三名。我真想讓我媽媽高興一回。」

「願兒子考試順利，考上知名大學，我們全家為你祈禱。」

「媽媽相信你是最優秀的，一定能實現你的考大學願望，女兒加油。」

「祝哥哥高考順利，金榜題名，實現夢想。」

似乎每一個小木牌下都藏著一顆焦慮的心。

我的兩個孩子露出不可思議的神情，他們說，“well, those children are amazing!”我當然明白“amazing”在這裡的含義。我對他們解釋，這些孩子並不是個個都想讀知名高中、大學，他們也是出於無奈。因為從他們出生那天起，就被爸爸媽媽們，以及爸爸媽媽雙方的爸爸媽媽們、周圍身邊的親朋好友們寄予厚望。別忘了他們都是獨生子女；獨生子女的意思是，上一輩或者是上幾輩由於種種社會的、各人的因素未能實現的夙願，這時候就「獨一無二」地落到了肩上。

為了這「別人」的夙願，他們從小就知道，自己的生活要被納入這個軌道，比如說，學英文啦、學鋼琴啦、參加數學競賽啦、上補習班啦、考上第一學府啦、選熱門的大學課程啦、拍老師馬屁啦、努力完成作業啦……喏，舉個例子，就是每天都要將新學的生字按照老師的要求每個字整整齊齊抄寫五十遍，如果那天碰巧學了二十個生字，那麼就得抄寫50×20=1000個字，而這僅僅是語文作業的一部分，此外還有造句，作文、朗讀等等，同時還有數學、歷史……為了使這些知識不僅只銘記在腦子裡，還要烙印骨髓裡，然後語文老師又特意在暑假的時候，要求再重新溫習，每天再把同樣的字抄寫五十遍……總之，做一切讓「別人」高興和滿意的事。

這種為了「別人」高興和滿意的苦差事，有的小孩子也反抗過，比如說我。就小心翼翼地問過我的國文老師，我已經會寫所有的字了，每次聽寫都得了滿分，暑假裡能不能不寫了，因為整個假期所有老師的作業加起來，比每天上學還累。我的國文老師睨視地打量著我，說，這是自古以來識字的方法，我們的老祖宗就是這麼學出來的，你以為你比我還聰明嗎？既然如此，那就每個字寫一百遍吧。聽寫得了滿分，那不意味著期末考試的時候也能得滿分，為了考試，你還是多努力吧。

看到沒有，中國的孩子們就這麼悲慘。

一切為了考試。一遍又一遍地抄寫生字，一道又一道地演算習題，從小學到中學到大學，所有的字都抄寫了上千遍了，所有的題目都做得滾瓜爛熟，考試的時候出口成章，試題做得速度飛快，然後老師和家長就滿意了，臉上展現出來笑容。而孩子們呢，在迎合所有的期待的同時，從來就沒有機會做一次「自己」。那個「自己」，從剛剛開始意識到「自己」的那一天，就消失了，壓根沒有存在過，也沒有發育過。

記得這次我們回國時，見到朋友的孩子展示給我們看的她的暑假作業，把我們的兩個孩子幾乎嚇了一大跳，那厚厚的一大本儼然「書」一般的作業本，僅僅是其中的四分之一部分，已經看得我的兩個孩子頭暈。而我們的孩子在他們的國際學校，恐怕整個中學六年做的作業也沒有他們的中國朋友一個暑假做得多。

可是我又能對朋友的孩子說什麼呢？我當然不能鼓勵她特立獨行，走自己的路，管別人說東道西！我年輕的時候，就曾經這樣狂妄過，結果，在中國這樣的社會背景下吃了很多苦頭。

別忘了，社會上的至理名言是「適者生存」。

所以，在中國教育制度的背景下，要想讀大學，要想改變命運，就得通過「十年寒窗苦，方為人上人」這條路。至少，比封建的世襲制要好一些，它給出身貧賤的人一條與別人公平競爭的途徑，通過這條途徑，就有可能有遠大前程。

其實豈止是中國。最近在報紙上看到，在一年一度的韓國高考期間，照例有無數的父母和低年級的學生，數日來成群結隊在考場門外為參考生們燒香磕頭，祈禱順利。有的家長甚至講究要連續到寺廟祈禱一百天，以示真誠。

而對中國人來說，「出人頭地」和「光宗耀祖」的嚮往是骨子裡的，與生俱來的。所以有那麼多的媽媽們重視胎教，嬰孩還在肚子裡的時候，就期望他一生下來，就比別人出色。

然後年復一年地給孩子灌輸成名成家的思想。因為媽媽爸爸們知道，孩子考上好學校，就意味著畢業以後的好工作，而好的工作就意味著他們一生的幸福生活，甚至美滿的婚姻。

我的孩子們聽不懂我在說什麼。

當然了，他們這輩子，雖然說「這輩子」還為時尚早，從來就沒有做過「因為讓別人高興而不得不做的」事情，不，這樣說，不夠準確，事實是，基本上不需要做「因為讓別人高興而不得不做的」事情。

古碑

我也很幸運。我自己雖然是中國人，但是我的父母從來就在家裡實行一種「無為而治」的教育方式，也許是他們開明，也許是他們總是在忙自己的事無暇顧及我，總之，在我從小到大乃至出國之前，實際上一直處於無拘無束的成長環境。所以，我任性，自由、散漫。這讓我在中國時，常常有不少麻煩。

記得我當初一九七九年考大學時，我只簡單地對我爸爸說，「爸爸，我準備考大學」。我爸爸應了一聲，「好啊」，便再沒有了下文。我那時實際上已經有了一份很不錯的工作和收入，辭職讀大學，是需要有點勇氣的。況且文化大革命十年，我們那一代人幾乎沒有正式在學校讀書，很多人荒廢了學業。考大學意味著將過去沒有學過的東西，在短時間裡「惡補」回來。並且當時正是文革結束後，剛剛恢復高考，過去十年裡積累的十屆新老畢業生，蜂擁而至，真有「千軍萬馬過獨木橋」之姿。我的朋友們都對我的決定不置可否。可是，我爸爸的一句「好啊」，使我自作主張，壯著膽子就去報了名，結果竟然不可思議、好運十足地考過了。

後來，我想出國留學，我對我爸爸說，「爸爸，我準備出國」。我爸爸看了我一會兒，應了一聲，「好啊」，便再沒有了下文。我那時大學畢業了，在文化部管理幹部學院教寫作課，每週只需在有課的星期五去學校授課，其他的日子都可以待在家裡。一份輕鬆的工作。可是，我爸爸的一句「好啊」，我便無牽無掛地去了英國。

再後來，我在英國交了一位男朋友，也就是我現在的丈夫。我對我爸爸說，「爸爸，我交了一個外國的男朋友，現在準備要與他結婚。」我爸爸回信說，「如果你自己滿意，好啊。」於是我就獨自在英國自己把自己嫁了出去。那是一九八九年，很多中國人對外國人都還一知半解，甚至將他們當作稀有動物看待。

回顧所有這些我人生發生的大事，因為在作決定的時候，不必考慮別人高興還是滿意，只需面對自己，所以這些決定，今天看來都挺對的。如果讓我重新再選擇一遍，我還會做同樣的事情。

這就是為什麼我一直相信，老子的「無為而治」其實是最好的治理。

所以我們的孩子們，和國外其他孩子一樣，想做什麼事只要跟自己商量就行了。

他們真的很幸運。

在學校學習，沒有多少作業，也沒有多少考試，最後畢業的時候，更沒有誰一定被逼著去考知名大學。就像我兒子班裡的兩個孩子，一個報考了武術大學，這名字我在美國，真是連聽也沒聽說過；另一個報考了體育理論大學，也是在中國家長眼裡最不可取的專業和學校。可兩個孩子的家長絲毫沒有覺得有什麼不妥，相反的，認為孩子選擇了他們自己最喜歡做的事，就是令人滿意的結果。

所以我的孩子們看到漢白玉石橋上那些寫滿了令人心酸的願望的小紅木牌，才會展現出一臉的困惑。

過了漢白玉石橋，我們接著往前走，便是日晷和東西兩邊的側廊，過去用來當作學生上課教室和圖書室，也是後來我讀大學時，經常借到書以後，坐在裡面閱讀的地方。

我記得那時的院子極其的安靜，陳舊的古屋裡總有一股淡淡的潮氣和霉味，唯一不記得的是，當年的這一排閱覽室，旁邊會有一個叫作「繩愆廳」的地方。大概當時國子監還沒有作為博物館對外開放，很多展出的東西都藏在庫房的緣故。

這繩愆廳，是學堂裡專門懲罰學生的地方，這照例又使我們的孩子們大大的驚訝一番。廳裡的陳列處，有很多細致而又嚴厲的條款，比如說，犯了錯的學生，輕者先記過，接著是鞭打，最後發配充軍或充吏役，或者被罰跪在太學門外三天或五天之久，更嚴重的還有族誅、淩遲、挑筋、砍頭示眾、推出去斬首、去膝蓋⋯⋯真是看得我毛骨悚然。據記載，當時有一個叫趙麟的學生，因為帶頭張貼壁報，與校方理論，最後被校方將腦袋砍了下來，高高地懸掛在一個長竿上，殺一儆百。

這是不是有些太過分了。

自然，當我們走出國子監的時候，所有的人對於能夠重新呼吸到外面自由新鮮的空氣，感到輕鬆愉快。

我很理解其中的理由。

附上宋代真宗的〈勵學篇〉：

富家不用買良田，書中自有千鍾粟；安居不用架高樓，書中自有黃金屋；
娶妻莫恨無良媒，書中自有顏如玉；出門莫恨無人隨，書中車馬多如簇；
男兒欲遂平生志，五經勤向窗前讀。

在「前門大街」瞻前顧後

Looking Ahead and Behind in Qianmen Street

前門大街。

哪一個前門大街？是舊的前門大街？還是新的前門大街？

就當作是新的前門大街吧。新的事物充滿了未知數，引人遐想，令人好奇。別忘了，人的本性是喜新厭舊的。

新的前門大街是一條寬敞的步行街，延綿八百多公尺，青石鋪路。路的兩側是二、三層高的明清時代的經典建築，磚雕木構，雕梁畫棟。聞名遐邇的百年老字號商鋪：全聚德烤鴨店、六必居醬園、都一處燒賣館、月盛齋醬牛羊肉鋪、同仁堂藥店、瑞蚨祥綢布店、內聯升鞋店、張一元茶莊、一條龍羊肉坊、老正興飯莊……全部躊躇滿志，襯著醒目的黑底金字招牌，氣定神閒地與國際知名品牌的星巴克、愛迪達、卡地亞、路易斯威登等遙相呼應。其間同時錦上添花地躋身著諸如蘇州茶食、廣東電動玩具、江西日用陶瓷、杭州刺繡、內蒙古羊絨衫、溫州皮鞋、上海單眼相機、昆明捲煙等同樣在中國家喻戶曉的各地特產小店。馬路的正中，有一段不長的「當當」有軌電車，大紅顏色的，熱熱鬧鬧地穿行在熙攘的人群裡。

非常的嶄新，非常的富麗，非常的令人嚮往。

可惜，以上這些描繪在目前為止還僅僅是想像，不過不是憑空的想像，而是有根有據地按照政府的模擬實境圖臨摹出來的。未來的新前門大街，此時此刻正被這些巨大的模擬實境板塊包圍在其中，前後左右足足有二十多塊，毫無疏漏地隔絕著外界。

據可靠的報導，新的前門大街將在二〇〇八年五月完工，屆時，我相信，一定會有張燈結彩，禮炮齊鳴的盛典慶賀。（編注：新前門大街已於二〇〇八年八月七日正式完工並對外開放參觀。）

人人拭目以待。

準確的說，不是人人，比如我們，就不能悠閒地坐在酒店裡拭目以待，而是抓緊在北京的這段時間，走出去，說得具體點，是走出去到前門大街的街上，一邊自我安慰二〇〇八年五月很快就會到來，一邊幸慶還能夠在二〇〇七年夏天這個天氣有點陰沉的中午，趁著老前門大街還沒有完全的化為烏有之前，有機會最後瞻仰一下它的「遺容」。

說是「遺容」並不準確。通常人死了以後，被穿戴整齊放在棺材裡，讓親眷們看望最後一眼，叫作「瞻仰遺容」，為的是留下最後一瞬間的類似生前的完美印象。可老前門大街在化為烏有之前，卻在巨型的模擬實境圖遮掩之下，只剩支離破碎的樣子。

我這樣說可不是無中生有，是我們親眼目睹的，就在前門城樓對面，巨大的模擬實境圖相互銜接的空隙的地方。

新前門大街模擬實境圖

那天，當我們全家再次來到前門大街之後，我把頭湊近兩塊高高矗立的模擬實境圖之間，那兒有一道細細的接縫，搞不好可以將裡面的情形看得更清楚一些，或者拍幾張照片什麼的，卻被一名面目嚴肅的戴著袖章的人不容分說地制止了。我猜他是受雇於政府的保安員，沒什麼可說的，訕訕地走開了。

前門大街完全封閉了。所有的車輛和行人都被疏導到東西兩側。我們繞到西面的馬路，那裡原來叫煤市街，是前門地區餐廳最多的地方，如今被拓寬了馬路，原來在前門大街南去的車輛，這會兒都改道途經這裡了。我四處張望，然後驚喜地發現，有一條胡同，一下子辨認不出是什麼胡同，因為周圍的景觀已經面目全非了，但是看上去眼熟，似乎可以通到前門大街裡面。

我便帶上全家人急忙穿過馬路，奔向那條胡同，走近了一看，竟然是廊坊頭條，是一條從煤市街可以直接進入前門大街的胡同。我們閃身快速進入，生怕稍一遲疑，就會被什麼人擋住似的。

其實，這種擔心有點兒多餘，廊坊頭條好像照舊容許行人出入。雖然街上相當雜亂，絕大多數的臨街房屋已經空蕩無人，只有幾家生意慘淡的小店無精打采地支撐著生意，賣一些飲料或者假古董給街上閒逛的人。

街上閒逛的人其實不多，因為沒有什麼可看的。陳舊的房屋滿目皆是，據說這裡從清末民初到現在，幾百年間從來沒有修整過，許多高簷瓦房的屋頂上長滿了蒿草，側面牆壁也有明顯的裂縫，大大的「拆」字隨處可見，有一種末路途窮的悲涼。

⬆搬遷標語
➡正在被推平的前門大街
➡➡即將消失的廢墟——老屋

我甚至在一面牆壁的上面，看到一張已經被風吹雨淋顏色發黃的公告，字跡卻清晰可辨，顯然是最近貼上去的。那公告是敦促當地的居民搬遷的，大意是從某月某日算起，四十天以內搬遷的居民，可以獲得五萬五千元的獎勵，四十天以後搬遷的，逐日減少，最後，超過規定期限搬遷的，沒有分文。

如果不搬的呢？ 聽了我的翻譯以後，孩子們問。

我說，不知道。也許很糟糕吧。所以，我指了指眼前的一切，說，不是都搬走了嗎？

的確，整條街上，幾乎沒有任何住家和做生意的跡象，空空蕩蕩的。看來五萬五千元的搬遷獎勵對大多數住在此地的居民來說，還是一筆不小的誘惑。再說了，中國的老百姓早就從幾千年的歷史中懂得了一條顛撲不破的真理，與官府對抗，絕沒有好果子吃。

這廊坊頭條，盛事時期，也就是在乾隆朝代，整條胡同裡一棟接一棟的全是金飾店，被稱為金銀珠寶一條街。據說在兵荒馬亂的年代，人們外出時，通常是不帶錢的，而是用錢買了金戒指、金項鍊、金條，藏在身上。需要用錢的時候，到金飾店去兌換了現金，更加方便，也更加保值。所以，廊坊頭條的金飾店一向都有不錯的生意，許多還是前店後廠，隨時在後邊的烘爐裡，將收購來的戒指、項鍊等，熔化製成金條，再轉手出售。

⬅⬅即將消失的廢墟——曾經繁華過的巷子
⬅廊坊頭條的老金店
⬇即將消失的廢墟——精緻的勾欄

可現在，昔日的繁華，已經蕩然無存。我們走在街上，滿目衰敗，仔細辨認，還仍舊依稀可見一些上個世紀的中西合璧的二層小樓的門匾上，有老銀號的字樣。我甚至認出了老勸業場，人去樓空，卻仍然屹立不倒，我小的時候曾經常常進去，裡面有好幾層樓的各式百貨，頂樓還有唱戲的地方。

我們路過勸業場繼續往前走，希望能僥倖走到前門大街，卻發現在胡同的把口，已經由板塊堵死了。不過還可以看到裡面的景象，這讓人多少不那麼沮喪。我側身探頭往裡面張望，看到整條前門大街，滿目瘡痍，到處堆積著碎磚爛瓦，到處彌漫著飛揚的塵土，推土機和吊車的轟鳴聲不絕如耳，頭戴鋼盔的建築工人在烈日下辛苦的賣力工作。

儘管我在心裡有所準備，但是眼前的景象還是讓我不知所措。

這就是老前門大街嗎？

這就是那個當年在元明清民國時代，甚至毛澤東時代，終日繁華熱鬧、車水馬龍的老前門大街嗎？

老前門大街就是老正陽門大街，老前門就是老正陽門。

它曾經是明清兩朝二十二位皇帝祭天時的御道。

當然，一千年以前，這一帶只是遼闊的水域，稀疏的蘆葦和濕潤的沼澤寂寞地覆蓋著表面，間或有野鴨和水鳥往來徘徊。

元朝建都北京之初，漸漸開始有了一些低矮的屋舍和零星散落的幾間寺廟，算是城區外面的郊野。

➲即將消失的廢墟——老北京的勸業場

到了明朝，正式修築了城門，起名「正陽門」，又因為坐落在皇城的正南方，儼然皇城的南大門，所以是同時修築的九座城門中最高的一個城門，整個城樓高達四十二公尺，同時按照祖宗的規矩，只有皇帝的龍車才能從正面的大門出入，其他尋常百姓車馬人流，只容許走兩側的旁門。儘管如此，城門的修築，帶動了附近集市的興隆，有了日漸擴展的街道，有了日漸增多的店鋪，有了日漸鼎沸的人氣。

清朝時，可以說是前門大街的繁華時期。由於最初的政府為了所謂的皇族尊嚴，命令原來內城的戲院，妓寮，茶樓，煙館，當鋪，統統遷設在城外，加上與日俱增的會館，飯館，整個前門大街因此成為北京最熱鬧最有趣的地方。

即使到了民國以後，整個國家連年戰亂，但是前門大街依舊生意興隆，歌舞昇平。從舊時的照片便可以看到，前門大街路面不寬，卻是筆直整潔，兩側的商號均是氣派的飛簷青瓦的敞亮大屋和一些裝飾有雕花鐵欄的西式洋樓，別有一番盛世都市的韻味。

然後是新中國的成立，新政府的新政策的全面實施，關閉了無數的妓寮煙館，大小商號公私合營，前門大街乾淨了起來，也安靜了起來，漸漸有了不同的景象。

我們家大約是在六〇年代從北城遷居到南城的。就住在前門大街最繁華的大柵欄裡面。因為如此，前門大街對我來說，完全不陌生，卻也並不十分熟悉。大概是因為當時年齡太小，能夠留在記憶裡的事情不多。印象最深的，是常常陪我媽媽去緊靠前門北口的謙祥益綢布店買布料。

我雖然是女孩子，但是當時對布料這一類東西遠遠不如對冰糖葫蘆更感興趣。所以

←↑→即將消失的廢墟——老民居

為了使我在綢布店裡保持較長時間的耐心，我媽媽常常會在進去之前，先到路旁的乾果店買一串冰糖葫蘆給我。這樣，我可以在綢布店的木頭板凳上，老老實實地坐上一段時間，直到把手裡的冰糖葫蘆吃完。

我媽媽在那時，會仔細地將店裡的所有布料審視一遍，然後挑選出一些莫名其妙的料子，買了裝進她的手袋，回家後再將它藏在她臥室的大衣櫃裡，那裡面，已經累積了高高的一疊又一疊的不同顏色不同質地的料子。

我很少看到這些布料派上用場。

事實上，我媽媽完全不懂縫紉，也根本沒有時間去學這項手藝。我猜想，她之所以買那些布料，完全是因為她喜歡綾羅綢緞閃閃發亮的色彩、柔軟妙曼的手感，以及擁有它們的滿足。

就這樣，從我媽媽的嘴裡，我學會了不少有關布料的專有名詞，什麼「喬其紗」、「花貢緞」、「金邊綢」，再與我媽媽逛布店時，我有時順口便說了出來，其實並不懂那其中的意思。

令人不解的是，這種奇怪的愛好，後來竟然傳到了我的身上，儘管當年我是個孩子的時候，曾經那麼討厭陪我媽媽走進那些綢緞店。

我如今也不可救藥地喜歡逛布店，也莫名奇妙地買一些可能永遠也不知道用來做什麼的布料，也像我媽媽一樣，閒時把它們從衣櫃裡拿出來欣賞一番，再重新放回到最裡層，讓那些華美的料子在凝固的空氣裡一點一點地慢慢的褪色。

這是先天的遺傳基因，還是後天的潛移默化？

我不得而知。

除了謙祥益，我那時還真的不記得前門大街其他的店鋪與我有什麼關係，只感到從北城相當僻靜的小經廠，搬到南城前門大街的大柵欄，似乎是轉眼之間忽然地就落到了一個終日喧鬧，滿眼繁華的花花世界裡。這世界離我是如此地接近，乃至一出門，面前便是摩肩接踵的人群和五光十色的貨物。也正是這個原因，我的父母總是很擔心地將我關在家裡。

所以，到了今天，我非常為自己遺憾，如果我那時再大一點兒，能夠獨自外出遊逛，也許今天會為我自己和我的孩子們留下許多珍貴的記憶呢。

比如說，前門大街東西兩側那些鱗次櫛比的百年老字號：明朝嘉靖年間開設的六必居的醬菜、清朝乾隆皇帝最賞識的都一處燒賣館和賣醬羊肉著名的月盛齋、清朝咸豐年間開設的便宜坊烤鴨店和正明齋和香樓滿漢糕點糕餅鋪、清朝同治年間開設的全聚德掛爐烤鴨店、清朝光緒年間開設的致美齋的餛飩和九龍齋的酸梅湯，以及歷經清代康熙、雍正、乾隆、嘉慶、道光、咸豐、同治、光緒、宣統九朝之久至今三百多年的歷史仍舊名氣不衰的同仁堂中藥店……等等。

如今這些，卻在滿眼彌漫的塵土裡，前途莫測。

我們迅速地拍了幾張照片，作為最後的留念，然後黯然退了回來。

回到胡同中間時，環顧四周，又發現門框胡同看上去竟然還沒有被封閉，就試探地往裡走。

這門框胡同，原本是一條窄得只容得下兩個人對面而過的胡同，卻在北京古城裡赫赫有名，被流傳的諺語形容為「東四西單鼓樓前，王府井前門大柵欄，還有那小小門框胡同一線天」，儼然與六大商業區齊名。

我想，這其中的原因，至少有兩個。

首先，它連接了廊房頭條、廊房二條和廊房三條，這三條胡同經營著北京城裡最主要的金銀飾店和珠寶玉石店，據說其中有一條挺有名的胡同，叫錢市胡同，原先有二十多家錢莊。這胡同非常的窄，只有一公尺半寬，並且是條死胡同，好像是專門蓋成那個樣子，為的是防止有人搶劫錢財，堵在裡面，插翅難逃。

其次，它是京城最著名的小吃街，洋洋灑灑的有同義館的涮羊肉、王家的年糕、馮家和楊家的爆肚、德興齋的燒羊肉白湯雜碎、宛家的豌豆黃、複順齋的醬牛肉、劉家的油酥火燒、老陸家的餡餅、楊家的湯圓、俊王爺的燒餅……並且隨便進去任何一家小店，都會聽聞到上百年的歷史和意想不到的故事。最後，它也是戲曲名人們聚集的地方，我是說在以前，京劇和評劇的角兒們，比如尚小雲、裘盛榮、梅蘭芳、常寶坤，在周圍的戲院唱完了戲，都會溜達到門框胡同的小吃攤吃宵夜，這樣便極有可能與名伶們不期而遇。北京的老百姓們喜歡捧角兒，自然不會錯過到此地一睹丰采的機會。

這樣，門框胡同的名字便成了在當時來說，某種時尚娛樂場所的代名詞。

不過對於我，沒有出生在那樣錦繡芬芳的時代，也就沒有了如此的福分。

所以趁著我們此時正在門框胡同，趁著門框胡同一帶還沒有被推土機摧殘，應該馬上進到一家小吃店，任何一家小吃店，去體驗體驗老北京們過去的口福。

然後我看到一家門臉有點兒陳舊，卻坐滿了客人的小吃鋪，便帶著全家走了進去，發現是一家鍋貼店，仔細再看，又不是，四周打量一番，赫然見到牆上懸掛的金匾「瑞賓樓」，頓時恍然大悟，我們這會兒走進了京城有名的褡褳火燒飯館。

我們從來沒有吃過褡褳火燒，正好一飽口福，便欣然坐了下來。

關於褡褳火燒，我以前倒是聽說過，一直以為是一種類似燒餅加豬頭肉的老北京點心。今天見到，才明白所謂「褡褳火燒」跟普通的圓圓的火燒完全沒有關係，看上去更像是春捲，或者是餡餅，要不然就是介乎於春捲和餡餅的吃食。它是用桿得薄薄的麵皮，包上餡料，再一排排的放入平底鍋裡煎熟，因為形狀很像是古代人們繫在腰間的褡褳錢袋，所以被叫作褡褳火燒。

這褡褳火燒最早的時候，是清代光緒年間，由一對從鄉村來的夫妻在王府井的老東安市場開店製作的。他們的餡料飽滿、汁多味美，手工剁成的豬肉餡加上切碎的綠蔥和薑末，裹在彈性十足的薄麵皮兒裡，經過小火煎成金黃色，吃起來外焦裡嫩，非常可口。後人他們又在基本吃法上發揮創意，將與豬肉搭配的綠蔥，變成西葫蘆或是豆角或以芹菜、白菜、韭菜等變換口味搭配，另外也發展出牛肉混搭胡蘿蔔、羊肉與香菜、三鮮餡、野菜餡、雞蛋與尖椒、雪菜與豆腐，各種混合，幾乎可以隨心所欲。

我們當然點了不同的口味，為的是什麼都嚐一嚐。

然後，這一嚐不要緊，一口咬下去，所有的感官都在那之間被挑逗起來了，真的是好吃得不知道用什麼形容詞表達才準確恰當。只是油炸食品，吃的時候難免感到有點內疚，我是說我自己，我們家的那三位，才不必為增加體重擔心，至少目前不必。可我，吃吧，覺得對不起自己的腸胃，對不起自己的心血管，對不起自己的動脈；不吃吧，面對如此色香味俱全的美味，又覺得對不起自己的眼睛、鼻子、嘴巴、舌尖上的味蕾，也是一件遺憾的事。索性，把後悔留到吃完了以後再說吧。

於是每次都是這樣，看到好吃的東西立刻情不自禁，一邊心裡譴責自己，一邊嘴裡大快朵頤。

我大口大口地吃進去了三兩褡褳火燒，又喝了一碗粥，一邊不停地擦著額頭和鼻尖上滲出來的細密汗珠，一邊好奇地觀看周圍也像我一樣開懷享受的其他客人。這些人大概都是從四面八方慕名而來的，彼此並不認識，但是共同的對瑞賓樓和褡褳火燒的偏愛，使他們一見如故，熟絡地互相聊起來，對褡褳火燒，對瑞賓樓以外的其他飯館的褡褳火燒，乃至對老字號北京小吃的種種看法和擔憂。以至臨出門時，已經像招呼朋友那樣親熱地道別了。

我們也吃得心滿意足，不停地向飯館的夥計道謝，走出了瑞賓樓。

其實，我道謝的時候，心裡面也在向他們道歉。我小時候住在附近那麼多年，竟然從來沒有光顧過這個能夠製作出如此美味的知名店鋪。

真是慚愧無言。

為了表示自己的歉意，我回家後，專門找來褡褳火燒的食譜，潛心研究了一番，並且付諸實踐，做出了多次也相當美味的褡褳火燒。至少，我兒子對它讚不絕口，使我覺得有必要寫下來，介紹給同樣感興趣的人。

下面就是在家裡自製褡褳火燒的做法：

將一斤麵粉用二〇〇克冷水和成麵團，使其軟硬適中，至於一旁「醒」十五分鍾左右。

在預計桿麵糰的桌上上薄薄地塗一層食用油，將醒好的麵團揉成長條，用刀切成二十等份，每一份桿成長十公分寬公分的長方形麵皮。

然後將用肉末、蔬菜、調味料攪拌好的餡料橫放在桿好的麵皮中間，從一端捲起來，另一端封口，也就是用底下的麵皮拉上來蓋住兩頭。記住，放餡料的時候，要多放一些，使其飽滿圓潤。

煎鍋裡放油，預熱，將做好的褡褳火燒一排排地擺放整齊，煎烤三分鍾，翻到另一面，再煎烤三分鍾，兩面呈現金黃色，即熟。

就是這麼容易。至於餡料部分，我沒有詳細寫，因為可以做餡的東西太多了，各種鮮肉與各種蔬菜都可以搭配出不同的口味，用豆製品和雞蛋做成素餡的也相當美味，全憑個人發揮了。當然，由於每個人的廚藝不同，做出來的褡褳火燒一定也會不同，所以人們有時候寧願不辭辛勞、長途跋涉到飯館品嚐專業廚師做出來的東西。

就像我們來瑞賓樓一樣。

說來我當時也曾經常常從這裡路過，是陪我媽媽去緊靠前門北口的謙祥益綢布店買布料的時候。從我家到布料店，走門框胡同是最近的捷徑。不過僅僅是路過，沒有吃過褡褳火燒，甚至從來不知道那裡有一家叫作瑞賓樓的地方。

在老前門大街一帶，倒是有去過全聚德烤鴨店、老正興上海菜館，記不得叫什麼名字的另一家餐館的擔擔麵。至於其他的老字號，比如正明齋、香樓滿、九龍齋、張一元就完全沒有印象。我講給我的一些朋友說的時候，他們都覺得不可思議。你們家住在大柵欄，不知道張一元是賣什麼的，真讓人不相信。你們不喝茶嗎？

我老老實實地說，我們家不喝茶，大人小孩都沒有喝茶的習慣。所以我，加上我爸爸媽媽，都不知道張一元。希望我的這番直言不諱沒有冒犯到那位當年在清朝時辛苦創業的掌門人，如今已經作古在地下長眠的張文卿老先生。

事實上，我學會喝茶，還是到了英國以後。第一次在我的英文老師家做客，他做了一杯英式奶茶給我，便讓我情不自禁地喜歡上了那種口味。也許因為它的顏色在加了牛奶後比中國茶溫和的緣故，也許是因為它的口味在加了砂糖後比中國茶圓潤的緣故。總之，加了牛奶和砂糖的英國茶，比較不那麼苦辣，配上剛剛出爐的英國鬆餅，令人立即獲得一種美妙的享受。請原諒我在這一點上不那麼愛國，我只是對自己的口味比較坦白一點。

從那兒以後，我不僅習慣了喝英國茶，還習慣了喝所有的茶，當然包括中國茶。事實上，我現在常常喝的，不再是用English Breakfast或者Earl Grey做出來的英國茶，而是中西合璧，用英國人泡茶的方法炮製中國茶，特別是烏龍茶。烏龍茶兼有紅茶的濃醇鮮味又有綠茶的清郁芳香，同時又有分解脂肪，減肥健美的功效，加上牛奶，真是一杯上乘的飲品。

只是我的老公，仍舊固執地遵守他的English Breakfast沖泡純粹英國奶茶的習慣，儘管他嚐過我的烏龍奶茶後，承認味道不錯。

除了張一元，前門大街眾多老字號的店鋪裡，我對內聯陞倒是有那麼一點兒印象。那三間相連一體的老字號鞋店，我小時候隨我媽媽每次從那裡路過時，都會扭頭看看，是因為櫥窗裡的厚底球鞋，樣子奇特，引我好奇，卻從來也沒有真正走進去過。印象中那是一家只賣布鞋的商店。布鞋？誰要穿布鞋。六〇年代、七〇年代的中國，雖然政府一再宣揚「滅資批修」，也就是消滅資產階級，批判修正主義，但是資產階級和修正主義的生活方式，還是不可救藥地被很多人嚮往。我媽媽便是其中的一個。那麼從小跟著她長大的我，自然也受到潛移默化。

我媽媽不喜歡布鞋，其實那是一種很舒服的鞋。

可是我媽媽那時風華正茂，又很喜歡看翻譯小說，自然是不會對老式的布鞋感興趣的，別管是經過七道工序手工精心炮製的，每平方寸有八十一針麻繩嚴謹地納了底子，還是如何的柔軟適足堅固耐用又合腳又除汗又輕便，哪怕是從清朝起就專門侍奉宮廷文武百官名鎮京華也不行。我媽媽認定了的布爾喬亞情調，是無論如何也顛覆不了的。

她真正喜歡的是高跟鞋，又因為她在演藝界工作，很容易在內布鞋店買到漂亮的高跟鞋，所以她別說是去光顧內聯陞，就連一般的鞋店也很少去。

至於我，別無選擇。作為小孩子，我父母給我買的東西，就是天底下唯一的東西，除此之外，不知道世間還會有其他的可能。

這樣，一九五〇年代和六〇年代，甚至七〇年代和八〇年代的人們，我是說相當多的人，包括我媽媽和我，即使是在政府宣揚共產主義艱苦樸素的年代，對鞋子的選擇，內心裡嚮往的，仍是窄面尖頭的精緻鞋子。

我媽媽因此蒐集了不少這樣的鞋子，高跟的、矮跟的、細跟的、坡跟的。即使是文革時期也沒捨得扔掉。藏了起來，在閣樓上。所以文革結束後，我馬上便有了令朋友們羨慕不已的漂亮鞋子。那是些做工極其考究的鞋子，腳弓弧線優雅，楦頭造型完美，近似於工藝品般讓人愛不釋手。

至於另一個老字號同仁堂，我與它也沒有多大的緣分。我的父母從來就不喜歡中藥，生病了就去看西醫，拿藥片喝開水吞服。不像我的有些同學的家裡，終日彌漫著熬中藥的味道。有些人就是相信那些人參、鹿茸、蠍子、靈芝、牛鞭等奇奇怪怪的動物和植物的器官，相信吃什麼便會補什麼，比如說，吃核桃補腦，吃豬肺補人肺，吃鴨血補人血，吃魚眼補眼睛，吃豬蹄長筋骨，吃蓮子補心臟，做愛多了腎虛要吃牛鞭驢鞭熬製的濃湯壯陽，甚至據說在李時珍《本草綱目》裡，人體的垃圾——頭垢、耳屎、月經、胎盤等都能針對身體的毛病入藥治療。所以土鱉，那種黑漆漆寬扁扁的醜陋小蟲子，號稱是珍奇但不稀有，經常出入在潮濕多土的地方，最容易把我嚇得魂不附體，也成了中藥鋪收購的藥引，說它是極好的滋陰補品，且能提高人體的免疫力，儼然保健佳品。乃至我讀小學的班裡，一半以上的孩子們到了晚上，會點個微弱的手電筒，到廁所或者舊房子的牆緣下捉土鱉，然後賣到藥房，每斤土鱉可以賣五塊錢，正好可以幫助家裡付清學校全年的書本費。

可我的孩子們卻一定要到同仁堂裡面去看看，原因是，當他們看到玻璃櫥窗裡陳列的那些泡在大型玻璃瓶子裡的張牙舞爪的褐色大蠍子、百腳蟲、人參、公鹿的生殖器等稀奇古怪的東西，就堅持一定要進去看看。

而那些東西，我從小就司空見慣，每次走在同仁堂藥店門前時，總會與櫥窗內裝在大玻璃瓶子裡的形形色色打個照面，早就見怪不怪了。

「大栅欄」裡的那些悠悠歲月

Distant Memories Flow Sedately in Dashanlan

我上小學的時候，最怕同學們問我住在什麼地方。因為一旦我回答出「大柵欄」，他們便會哄笑著問，你說什麼？大屎袋兒？羞得我無地自容。

這都是因為大柵欄的發音，並沒有按照漢語拼音的念法，叫“da shan lan”而是“da shi la'r”，聽起來就真像是「大屎袋兒」。為什麼？天知道！北京人就是這麼唸的。並且，不光是把大柵欄念成“das hi lar”，還把狗尾巴胡同，唸成“gou yi ba hu tong”，唸了好幾百年了，約定俗成。

「約定俗成」，我喜歡這個詞，任何語言上的學術爭論，遇上這個「約定俗成」便就有了定論。老百姓們算計好了齊心合力就這麼說，自古以來的習慣，你們幾個什麼什麼「學術權威」、「語言大師」就想改變過來，門兒都沒有！

於是學術爭論便沒有了廣大群眾雄厚基礎撐腰，只能黯然退場。

可是小孩子們不管這些，因為全無心肝，他們的玩笑有時候是很殘酷的，並且完全不管是否傷害到別人。

所以，我通常不說「大柵欄」，而是說「觀音寺」。

這回答其實是更加準確的，我們家那幾年就是住在前門大街的大柵欄街的觀音寺街裡。

我記不清具體是什麼時間我們家從北城的小經廠胡同，搬到南城的觀音寺街的，後來問過我媽媽，她說是我讀小學的時候，同時在這兩個家之間，我們還短暫地住過東城區的金魚胡同。

觀音寺街其實是大柵欄街的延續，只因為煤市街從中攔腰跨過，街的東頭便叫了大柵欄，街的西頭便叫了觀音寺。

既然叫了觀音寺，街裡就應該有個觀音的寺廟才對。聽住在那一帶的老人們講，明

❶老字號同仁堂藥店

❶老客棧
❶老字號瑞蚨祥鴻綢緞店

代的時候，是曾經因為街的西面有個觀音寺廟，叫作觀音寺。

那麼，大柵欄呢？也是如此。早年的時候，明孝宗弘治年，為了社會治安，實行「宵禁」，也就是朝廷規定京城裡所有的大街小巷都要設立柵欄，白天開放通行，晚上關門把守，行人不許隨便出入。而大柵欄街的柵欄，因為商店多，商人們肯出錢，柵欄建得比別處的都高大堅固，由此這個地區便以巨大的柵欄出名，被人們叫作大柵欄。

大柵欄裡商店多、戲院多、老字號多，比如說，開業於清朝康熙年間的同仁堂國藥店、開業於清朝嘉慶年間的馬聚源鞋帽店、開業於清朝光緒年間的瑞蚨祥鴻綢緞店、開業於咸豐年間的內聯陞鞋店、開業於光緒年間的張一元茶葉店、開業於咸豐年間的步瀛齋鞋店……等等。終日遊客如織，摩肩接踵。不過，那些熱鬧的事離我比較遙遠，儘管我家就住在大柵欄再往裡面的觀音寺街，卻非常幸運地住在一棟鬧中取靜的獨立二層小樓裡。

感覺就像是個世外桃源。

我媽媽告訴我說，這棟二層小樓曾經是國民黨的「中國廣播電台」，一九四九年的時候被查封了。這立即引起我極大的好奇心，但是好奇心的探尋結果卻是一片空白。沒人進一步知道它是怎樣的一個電台。是一般的廣播電台？還是特務廣播電台？在一九五〇年代和一九六〇年代，中國電影界頻繁製作了大量的「反特」故事片，破獲台灣特務的、破獲美國特務的，破獲一切與中華人民共和國作對的特務的，占據了那個時期成長的青少年們的驚險幻想裡。

↑老字號內聯陞鞋店

我於是相當地自豪，又相當地膽顫心驚，自己居然能夠住在這樣的一個充滿了神祕色彩的非比尋常的地方。

我們這次當然要穿過大柵欄街，去我小時候住過的這個地方看看。不過，我心裡面卻沒半點把握。自從六〇年代後期我們搬家離開那裡之後，就再也沒有回去過。即使後來長大了，曾經無數次來過大柵欄逛街，卻從來沒有想到再往前多走幾步路，去那兒看看。

我甚至不知道這麼多年之後，那棟小樓還在嗎？

謝天謝地，那棟小樓居然還在！只是我幾乎錯過了它。事實是，我們進了觀音寺街以後，我就帶著全家照直朝著自己認為正確的大概方位走了過去，我相信自己很容易就可以找到它。沒想到，走了一段路，比我預想的要長一些，還沒有看到我印象中的那二層小樓，我開始意識到，我一定是走得太遠了，便又折了回來，重新再找一遍。我小心翼翼地打量兩側的房屋和店鋪，觀音寺街的變化實在是太大了，多了很多商店，平添不少商業化的氣息，老的建築都改頭換面了，看上去有些眼熟的商鋪，如今也已經改成了不同的用途。比如說，緊鄰我家附近的那個糕點糖果鋪，我小的時候經常去買棒棒糖的地方，就無論如何也看不到了，而那裡正是幫助我找到原來那棟小樓的地標之一。

我放棄了找那糖果鋪，然後，遲遲疑疑地，我看到了我要找的地方！

那小樓依然健在，因為顯然是後來漆成了別的顏色，我幾乎認不出它了。

一九六〇年代初期，我們搬到這棟小樓來的時候，它已然陳舊，但是保存得很好。從街上看，它有三層，實際上只有兩層，最上面的是陽台，有雕花鐵欄，是一座典型的民國後期構築的西式樓房。這樣的房子在前門大柵欄一帶相當普遍。

北京在一九四九年，是和平解放的。當時的國民黨守城將軍傅作義先生，迫於共產黨圍城的強大攻勢和壓力，出於對古城建築的擔憂，放棄了與共產黨的對峙，決定同意毛澤東的和平條件，宣布率部起義。因此，整個北京城得以完整地保存了下來，其中自然包括前門大柵欄一帶的所有建築。

當年傅作義先生的「協議」通告，是通過國民黨通訊社、各類報紙、記者會，廣播電台對外宣布的。不知道觀音寺街的這個二層樓的原國民黨電台，在一九四九年一月春寒料峭的深夜，是否也曾經以一種沉重的語氣，反覆播放過傅作義有關接受和平改編的文稿，或者是忙亂的銷毀所有的那些「機密」情報。我真的對此非常地好奇。

共產黨進駐北京之後，接收了前國民黨占據的所有房產，重新發配給新政府所屬的各個部委。大柵欄觀音寺街的這棟國民黨電台的二層小樓，便歸屬了我父母工作的單位。

我們搬進這棟樓時，算上我們一家，一共只有五家人，每一家住得相當寬敞，即使如此，還是有不少空置的屋子。

一九五〇年代和一九六〇年代是中國人口最適宜的年代，同樣的九百六十萬平方公里土地，只住了六億左右的人們，比現在少了一半，當然不那麼擁擠。

我記得，我家住在二樓最裡面的五個房間，一間是客廳、一間是我和我的父母親共同居住的臥室、一間是廚房、一間是我的遊戲室，最後一間沒有什麼用途，後來我們買了一隻兔子，就被當作是兔子的起居室。

二樓的中間，住了另外兩家人。一家是設計舞臺布景的馬先生，一家是為歌劇作曲的梁先生。這兩家人正巧都各有一個與我年齡相仿的男孩子，可是不知道什麼緣故，我很少看到他們出來玩，納悶他們躲在房間裡每天都做什麼。就連他們的父母也是非常深居簡出的人，因此，我就非常的寂寞。

這樣一來，打發寂寞的方法，就是不聽我爸爸媽媽對我「不許下樓」的規定，常常一個人溜到樓下去玩。

樓下只住了兩家人，有更多的空房間可以溜達，不過那不是真正吸引我的理由。使我到樓下玩的原因是，那裡住了一位，用我父母的說法，住了一位右派。

我那時不懂什麼是右派，只知道在門口旁邊一個很小的房間裡，獨自住了一個大人，他容許我走進他的房間，還教我玩一種紙牌的遊戲。不過，他第一次見到我時，卻非常的慌張，這讓我感到很開心。因為在我的印象裡，通常是小孩子害怕大人，從來沒有看到過大人害怕小孩子，並且驚慌到將正在往茶杯裡倒下去的熱水，灑了一地。

這令我忍不住大笑了起來。

他卻更加慌張，趕過來要關上那扇我因為好奇和淘氣擅自推開的門，卻又因為我站在其中，而不知所措。

後來我長大了，回想起來，才明白，他實在是太寂寞了。一個人住在一間窄小的屋子裡，沒有家人也沒有朋友拜訪，一定相當的孤獨。

為什麼會這樣？

因為他是右派。

一九七八年以前，「右派」這個詞，是一個令人非常絕望的詞，就像是霍桑筆下的海絲特胸前嵌了一個“A”的紅字，凡是有了這個標誌的人，便相當於被打入了十八層地獄，難以重新回到人間過正常的生活，就連這一類人的朋友甚至家人，都對他們避之唯恐不及。

那麼，所謂「右派」究竟是些什麼樣的人呢？

從今天的解釋來看，「右派」是從一九五七年夏季到一九五八年夏季之間，對當時中國的執政黨提了一些意見或者是建議的人。大多數是知識分子、在校的年輕大學生、學者、藝術家、民主人士等等。這些人有知識、有智慧，但是在政治上卻相當幼稚天真。當毛澤東親自部署了「引蛇出洞」的策略後，他們先是相信共產黨請知識分子協助整頓民意的誠意，然後又在過程中說了一些自己認為是有益於國家的好話，最後被共產黨冠以「右派」的罪名無情地打擊了。

據說當時全國一共清理出了五十五萬人的右派，有的人僅僅說了自己心裡想的真話，給領導提了一點意見；有的人搞不好只說了一個字，比如說，在別人的意見或建議之後，說了一個「對」字，便被打成了右派；還有的人對清理右派的數目有點懷疑，說「我們單位哪裡會有這麼多右派？」便被視為思想右傾歸類成右派；甚至有的人什麼話也沒說，只因為與自己的上司關係不大好，便在「右派指標」的壓力下，被充數成右派。那時候過來的人都知道，所謂的「右派指標」，就是從中央到地方，各級單位被分配了一定的清理右派的指標，就好像今天的連鎖超級市場有定額分配的蘋果一樣。如果一個單位分配下來二十個右派指標，那就得無論如何找出二十個右派，哪怕有些人沒有說什麼指責共產黨的話，也有可能被扣上一頂右派的帽子，這便是「欲加之罪，何患無詞」一詞在那段時間如此深入人心的緣故。

這些被戴上右派帽子的人，嚴重的被判死刑立即執行，這是不是聽起來很嚇人？在文明的二十世紀的中期，講話居然還有可能被殺頭，對這個世界上其他地方生活的人們來說，一定是相當難以理解的事；有的右派被發配到荒涼的邊疆，也就是中國的西伯利亞勞改農場，作為說話之前不經過大腦考慮的懲罰，比如說甘肅省著名的煉獄勞改農場夾皮溝，終日繁重勞動，挨餓受凍，折磨致死的右派成千上萬。即便是最輕的懲罰；繼續留在原單位工作，也被迫從原來重要的工作降到非重要的工作，比如說，清潔工、門房……等等。

我們家樓下住的這個右派，想必就是在一九五七年反右運動中非常不幸的被遣送進去的其中的一員。我記得我爸爸多少年後告訴過我，那個右派原本是剛從大學畢業的文學本科生，被分配在劇院創作室工作，同我爸爸在一起，都是寫歌劇劇本的。可惜他在一次開會的時候，向領導提了幾個意見，正值反右期間，就被歸類為右派。當時的普遍邏輯是，領導是代表組織的，反對領導就等於是反對組織，而反對組織就是反對黨，提意見也不行，因為提意見就是在暗示領導有錯誤。就這樣，在他還沒有來得及展示他的創作能力，便遭到了滅頂之災。他那時正是被歸類為右派，停職檢討，不許工作，也沒有人敢於與他來往，所以當他看到在某一天，忽然有個小孩唐突地推開他那個極少有人拜訪的小屋的門時，顯然驚愕了。

我記不得我那天是若無其事地轉身回家了，還是若無其事地進去玩了一會兒。總之，從此以後，我常常去他那裡。他極少說話，對我很溫和、很友善，對我的拜訪習慣了以後，耐心地教會了我玩一種紙牌的遊戲，其實就是我從手裡握著的一大把牌裡隨便抽出一張，放在桌上，他再從手裡的牌裡選出一張，與我對應，來去幾個回合。他總是讓我贏，使我開心大笑，然後他也很開心，因為至少他不再那麼寂寞了。

就這樣，我和他的紙牌遊戲，一直繼續到我們家最後搬離那裡。

除了我去他那裡玩，還有的時候，我會一個人偷偷地爬上三樓頂上的陽台去玩，那也是我的父母禁止我做的事情。

當然啦，對小孩子來說，越是父母不許做的事，越是偏要試試。

不過現在想想，獨自爬上陽台去玩，也真是一件非常危險的事。要知道，那是一棟老樓，雕花鐵欄依附的窗臺實際上已經有相當的年齡了，隨時都有禁不住我的身體的重量，折斷的危險。而我，最喜歡做的事是趴在窗臺上，對著摟底下街道上的人大聲唱歌，然後看著街上的人們東張西望往上尋找聲音的樣子，得意地躲起來竊笑。我從小就被我媽媽定性為「左嗓子」，就是那種天生唱歌五音不全，經常走調的人。可想而知，聽到我的歌聲的人們會是怎樣的一種錯愕的神情。

我可不管那些。扯著嗓子唱出一首又一首的歌，直到嗓子乾得發疼為止。然後，如果還不盡興，就從雕花鐵欄爬出去，爬到旁邊四合院人家的瓦房頂上，看看他們的院子裡，是否有小孩子在玩耍。

我這樣做，常常受到我父母的責罵。

可我仍舊趁著他們不注意的時候，做一些用他們的話來說「淘氣」的事情。沒辦法，誰教我的父母只生了我一個孩子，而他們又每天忙著工作，讓我不得不想方設法做一些有趣的事呢。

不過，這樣說我的父母有點兒不大公平。有時候，他們在週末確實也花一些時間陪我玩的。我們一起出門到大柵欄的街上逛商店、吃東西、看電影；中國第一個寬銀幕立體電影院，叫大觀樓電影院的，就在大柵欄西口，曾經給我的童年留下過深刻的印象。我那時還真的以為一輛火車有可能正從我的頭頂呼嘯而過，乃至嚇得幾乎驚叫出來。

童年的事情真是很有意思。它使我此時此刻站在自己過去住過的地方，百感交集，唏噓不已。

我仔細地打量著面前的這棟我小時候住過的小樓，它看上去與以前很不一樣了。曾經是寬闊氣派大門的地方，已經被砌磚封死了，另從旁邊的狹窄過道開了一個小門，這

中國第一座立體電影院：大觀樓

大觀樓內景

樣原來作為大門的地方，就成了一家人的住房。事實上，這棟小樓舊有的格局完全改變了，不僅原來所有的空房被後來搬進來的住戶占滿了，而且原來作為院子和天井的空間也被搭建出來的棚子分割得非常狹小逼仄。

從一九六〇年代到一九九〇年代，中國的人口增加了一倍，不只我們住過的房子成為現在這個樣子，全國所有城市的屋子都變得擁擠不堪。

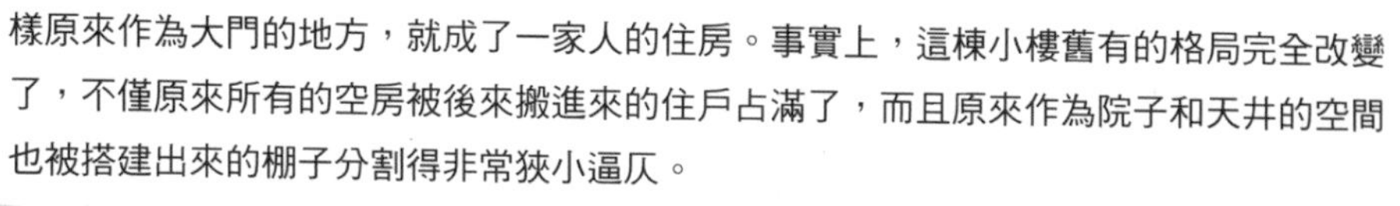

我看到「右派」住的屋子已經換成了別人的住房，當年曾經住在那裡的老住戶，沒有一家還住在那裡，全部住進了陌生人。他們看著我們，一付狐疑地打量著。

這使我非常地不自在。

我張嘴結舌地解釋，我過去曾經住在這兒，過來看看，然後就訕訕地帶著老公和孩子們走出去了。

其實我很想走進二樓看看我家曾經住過的、最裡面的那幾個房間，看看三樓頂上有著雕花鐵欄的陽台，看看隔壁四合院的瓦房屋頂底下那個幽靜的小院。

它們是否還有一些過去的痕跡嗎？

我相信，恐怕是面目全非了。

沒了脂粉氣的 八大胡同

The Faded Eight Alleys of the Fallen Angels

沒有了脂粉氣味的八大胡同，就成了普通的胡同。難怪我住在南城那麼多年，卻從來都不知道。相信我的爸爸媽媽也不十分清楚，否則的話，我至少應該從他們的嘴裡聽到一些有趣的話題。

我對那一帶的瞭解，僅僅局限於小時候很多星期日的早上，我爸爸都要帶我去那附近的豐澤園飯館排隊拿號碼牌，然後晚上的時候，我們全家可以去好好地吃上一頓在三年自然災害之後的困難時期，難得吃到的肉菜。冬天的時候，刺骨的西北風常常凍得我

←曾經精美的勾欄，是否昔日的青樓
↓豐澤園飯莊

瑟瑟發抖，我爸爸照例會在附近給我買一個熱呼呼的烤紅薯，否則的話，我是無論如何也不肯從床上爬起來跟他去排隊的。

那豐澤園飯館一九六〇年代的時候就在八大胡同一帶，從我小孩子的眼裡看來，那兒根本沒有什麼特別的，毫不起眼的胡同排列著毫不起眼的灰色磚瓦的四合院房子，沒有什麼店鋪，一點兒也不熱鬧，也不好玩。

豈知二百年以前，那一帶卻是京城最大的花街柳巷的銷金窟。

說是八大胡同，實在對此恭維得不夠，因為豈止八個胡同曾經是鶯歌燕舞之處，周圍方圓幾里，燈紅酒綠的歡場幾乎處處可見，因此，所謂的八大胡同，實際上是一個廣泛的代名詞，意指清代以來，大柵欄觀音寺以西乃至珠市口、天橋、虎坊橋、琉璃廠整個一大片地區青樓聚集的地方，也就是當年北京古城有名的紅燈區。所以它絕不僅僅只是八個胡同，而是幾乎涉及了七、八十個胡同的上百個明娼暗娼游娼寮所。

FYI（For Your Information）看看以下的這些當年的資料：

百順胡同，曾名為「柏樹胡同」，是八大胡同中名氣最大的一個，有二十多個妓院，同時又有不少大煙館、餐館、賭場。大多數院落都很講究，特別是一個名叫「蒔花館」的，是間十分氣派的三進式大四合院，雕花欄杆，很有客緣。

八大胡同一帶的老宅門

胭脂巷，是八大胡同裡最短的胡同，只有十多家妓院，但卻是頭等的，終日門庭若市。又因為是附近專門供應胭脂宮粉的地方，所以遠近馳名。

陝西巷，在明代時巷子已成規模，曾有一等妓院十五六家，其中清代名妓賽金花住過的怡香院，如今是陝西巷上林賓館，規模不大，前後兩個院落，木製的四合式二層小樓，中間有一個天井，假山層疊，十分雅致。

石頭胡同，以「茶室」居多，實際上是二等妓院的別名。為什麼這樣稱呼？我不知道，大概是聽上去比較雅致，好像是在喝茶的地方，其實喝完茶之後，還有其他的款待。或者是出自於「茶資」這兩個字，行內的人都知道它的意思是「開盤兒錢」，也就是通常嫖客到了比較有等級的妓院，往往不可能馬上與自己看中的小姐接近，要先為她買各種綢緞，珠寶等禮物，同時還要上上下下打點侍候小姐的一班人馬，待花錢到了一定的數兒，才有可能最後得到老鴇的許可接近小姐。

李紗帽胡同，曾名為「大李紗帽胡同」、「小李紗帽胡同」、「大力胡同」和「小力胡同」。不長的胡同，卻有三等妓院一家緊挨一家，足足有二十多家。

韓家胡同，曾名為「韓家潭」，以來自南方的妓女為多，被稱為「清吟小班」，有妓院二十多家，幾乎每位姑娘都懂吹拉彈唱。

皮條營，曾名為「西壁營胡同」，也有稱它「東壁營胡同」的，實際上是同一條胡同。此地最多的是暗娼和半公開的妓院，因為定調曖昧，所以生意比較清淡。

王廣福斜街，曾名為「棕樹斜街」、「王寡婦斜街」。清代時有不少妓院，其中有一個名叫王寡婦的，開了一間頗有名氣的妓院，所以整條街道漸漸被人稱為「王寡婦斜

虛掩的前門裡，曾經藏過多少祕密

八大胡同之一

街」。有二十多家三等妓院，以及另外二十多家會館，浴室， 當鋪，酒館。

除了這八條胡同，比它們略遜一籌的，附近還有朱家胡同、清風巷、西羊毛胡同、燕家胡同、鐵樹斜街、楊梅竹斜街、慶雲巷、王皮胡同，以及櫻桃胡同。每一條胡同，都有至少十間以上的妓院。

然後再往南到天橋，往西到菜市口，往東到金魚池、蒲黃榆，八大胡同以外的「八大胡同」，星星點點地遍布了南城的中心地帶，其中一等的大約有八十多家，二等的大約有一百多家，三等的大約有一百七十多家，四等的大約有三十多家，總共有大約四百家。

這些可都是一九四九年新上任的中央政府統計的數目，應該是確切的。

我們去了前門大街的第二天，又特地去了八大胡同一帶拜訪了一次，在那裡轉來轉去，實地「考察」了一番。我同意我的去過那一帶的朋友們的說法，在一大片如今已經破舊不堪的老房子堆裡，想尋覓過去曾經繁榮昌盛的妓院，不是一件容易的事。這類房子大多數已經幾易其主，或修葺、或分割、或改裝變成許多人混在一起雜居處，已然面目全非。所以，要細心地端詳，特別是對那些搖搖欲墜的中西式二層小樓，面目模糊的門楣上，有的隱約可見殘字，若是能辨認出是什麼「堂」，或是什麼「院」，又有圓形門和圓形窗戶的老房子，就要多留意，也許會找到幾家至今仍舊保存完整的妓院原址。

我自己覺得，走了一大圈，口乾舌燥，也沒有看到什麼特別有趣的東西，倒是老胡同裡雖然衰敗，芸芸眾生卻生活得仍舊生氣盎然，街頭巷尾，有搖著蒲扇下棋打牌的閒人、有嬉戲玩耍的孩子、有臨街的窗戶裡斷斷續續地飄出蔥花蒜料的香味，也有絡繹不

➔八大胡同裡改頭換面的老宅子

絕向擺攤老闆買冷飲的客人。

妓女這行當，從來就沒有真正絕跡過。只不過是，有的時期在檯面上，有的時期在隱蔽暗處，完全看其生存的環境。法令寬鬆的時代，就會生機勃勃，法令嚴苛時代，就會銷聲匿跡，我是說，表面上的銷聲匿跡，私底下搞不好仍舊活躍。只要世界上的男人們不絕跡，妓女就會永遠有人眷顧。

即使在文革時代，中國處於最肅殺的環境下，妓女，對不起，我是說「性工作者們」（借用荷蘭人對從事這一行當人的稱呼，相較於其他國家顯得更人性化一些）的交易，也沒有完全停止下來。

我家樓下的一個叫濛濛的小姑娘，在一九六八年的一個清晨，忽然被警車帶走了。據說，她是因為「與外國人睡覺」而被公安局拘留，後來被判了死刑。

濛濛？我們都不相信。那個一臉稚氣，笑起來有兩個圓圓酒渦的、面容姣好的女孩子，居然會與人上床，而且是與外國人上床，真是不可思議！

那麼她怎麼認識的外國人？為什麼她要與外國人睡覺？那個與她「睡覺」的外國人又被如何處置了呢？難道她不知道在中國這樣有著根深柢固封建思想的環境裡，特別是

←八大胡同一帶的老宅門

↓→老青樓改建而成的旅館

文革期間，與合法婚姻之外的任何人發生性關係，都會遭到嚴厲的處罰嗎？況且對方還是外國人！

我們這群同院的孩子們非常的困惑。

後來，便有流言蜚語在私下傳了開來。說是濛濛的爸爸媽媽被下放到張家口農場接受再教育以後，她這個家裡唯一的孩子就寄養在親戚家。從那時起，她就交了「壞朋友」。透過壞朋友她認識了外國使館的人，為了請他們協助父母和自己離開中國，她就用身體當成交易的籌碼。

因為在文革期間，是政府對男女問題懲處最為嚴厲的時候，所以濛濛被判了死刑。至於那個與她交易的外國人呢？同院的大人們說，還能怎麼樣，照舊過他們的好日子。

我們都為濛濛惋惜。

不過，可以從中瞭解，即使在最提倡清心寡欲的年代，性的交易也仍舊沒有完全絕跡過。

這很可以理解，從古代，從孔夫子那裡，就有了對人性的基本認識，「食，色，性也。」意思是，肚子餓了要吃東西，吃飽了東西便就想到了淫樂，是很自然而然的事，千百年來世間萬物都是如此。

在我們中國，比較統一的說法，是「妓女」這一行起源於春秋戰國時代，也就是大約二千六百多年以前。因為有記載，「齊桓公宮中七市，女閭七百，國人非之。」。對

此，清代有人做了進一步的解釋，「女閭七百，齊桓（公）徵夜合之資，以佐軍興，皆寡婦也。」由此可見，齊桓公為了犒勞他的軍隊將士，徵用了七百名已婚守寡的女人，作為慰安婦，致使軍隊將士心滿意足，鬥志昂揚，殺往戰場，所向披靡。

以後，秦漢三國、魏晉南北朝、隋唐五代十國、宋遼金、元明清，歷代都有職業妓女。比較可考的史料曾載明，北京古城，金中都的妓院分布在今日南城的菜市口到廣安門一帶。

元代的妓院分布在今日東城的「演樂胡同」和西城的「磚塔胡同」一帶。

明代的妓院在演樂胡同一帶繼續興盛，並且蔓延到周圍幾里，其中有一些聽上去非常有女人味的名字，如「宋姑娘胡同」、「粉子胡同」、「勾欄胡同」，讓人有一種「巧笑倩兮」的錯覺。

清代的妓院，因為朝廷的命令不許在內城開設旅館、商店、戲園和娼寮，所以被遷移到外城，也就是南城，加上南方的四大徽班（編注1）進京後基本上住在八大胡同一帶，其中許多年輕的男孩做了相公（編注2），八大胡同於是名噪京華。

到了民國，納妾之風漸漸衰落，青樓的生意也越發興盛。實際上，老恩格斯早就預言過了，「賣淫是對專偶制的必要補充」。

我們全家在八大胡同轉了好半天，還特地去了據說是小鳳仙曾經住過的地方。那裡如今已經改裝成了一家旅館，很有小鳳仙的味道。並且還從一位客人的口中，聽到了一段至理名言，說是「妻不如妾，妾不如妓，妓不如偷」，忽然就有了茅塞頓開的感受。

編注1：四大徽班是指清代乾隆年間，從安徽進入到北京的四個著名的戲班子。因他們的演出在當時的京城非常受歡迎，所以秦腔，昆腔，京腔的演員紛紛加入，由此混合了豐富的表演手法，漸漸形成了後來的京劇。

編注2：相公原本指梨園裡的旦角，有「像姑娘」之意，又叫「優童」。是一些眉清目秀的少年男子，經過嚴格訓練，成為藝人。根據《燕京雜記》記載，「京師優童者甲于天下，其色藝甚絕者，名噪一時，歲入十萬。」他們之中的不少人，因為被社會上的富豪所喜愛，逐漸演變成為男妓，在八大胡同的女妓蔚為風氣之前，曾經盛行一時。

皇城與紫禁城

The Forbidden City and the Royal Quarters

我有幸與紫禁城有過那麼一段緣分。

所以，在北京重遊故地，自然少不了那裡。

如今回想起來，我在我們那一代人裡算是相當幸運的，因為我有生以來的第一份工作，是在紫禁城的明清檔案館。這工作是不是聽上去就令人肅然起敬，令人覺得神祕兮兮，令人有點摸不著頭腦，繼而羨慕不已。

據說，我那時接觸的那些明清檔案，還真是有些曲折的故事呢。

諸位有沒有聽說過近代中國文化的四大發現？說實話，我也是最近才聽說的，相信很多人誤將它們當作中國古代的四大發明，因為兩者只有一字之差。四大發明是指印刷術、指南針、造紙術和火藥。四大發現則是指西域木簡、敦煌漢唐寫經、安陽殷墟甲骨文以及末代皇宮裡八千麻袋明清檔案。

⬆紫禁城裡我曾經工作過的地方

別的發現與我關係不大，可最後一項，末代皇宮裡的八千袋明清檔案卻與我有著某種程度的「衣食父母」的密切關係。

據當年在內閣大庫管理庫房的老人說，末代皇帝溥儀被趕出皇宮時，曾先後從宮中以各種名義，或是巧立名目，或是暗渡陳倉，搬走了很多值錢的寶物，以備他後半生享用。比如，價值連城的古畫、唐宋瓷器、玉石珠寶，唯獨祖宗們留下的手跡，當然是在大批文稿奏摺裡，他正眼也不曾瞟過。

知道嗎？如果問普通人，家裡著火了，最想搶救的是什麼？絕大多數人會不假思索地說，照片和文件，因為其他的東西都可以日後買到，只有照片和文件是“irreplaceable”。

可皇上顯然有著與普通人不一樣的思維。

就這樣，大批的庫房文件，由於沒有「萬歲爺」的眷顧、無人照料，陸續發霉腐爛，滋生數以千計的蠹蟲。於是當北洋軍閥占據了故宮之後，有人嫌這些「不值錢」的東西堆在那裡有礙觀瞻，於是裝了八千麻袋，總共大概有十五萬斤吧，以四千大洋的價錢，當成造紙原料，賣給了造紙廠。

這八千麻袋的文件，可不是什麼簡單的日常請安的奏摺，而是包括有成千上萬條明清兩代眾多皇帝對各種地方事件的批示諭旨。其中有記錄重大歷史過程的原委起始，諸如社會要案、農民起義、義和團運動與洋人簽訂條約……等等來龍去脈的細節；以及眾多皇室成員的家譜、婚喪嫁娶、生老病死……等等非常珍貴的若干史料。曾被國學大師王國維視為三百年來祕藏的珍貴皇家檔案，甚至「九卿，翰林有終生不得窺其一字者。」

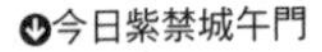
今日紫禁城午門

這件事在當時被許多人知道以後，引起騷動。就連魯迅也插嘴說了一段話，「中國歷史文物，實在不容易保存。如果當局是外行，他便將東西糟蹋；倘是內行，他便將東西偷光。」這是不是很令人汗顏。當時就有位叫羅振玉的先生，以一萬二千大洋將這八千麻袋文件贖回，先後從中挑選出具有歷史意義的資料集結出書，接著又將剩餘的文件以一萬六千大洋轉賣他人，自此眾多歷史文件流失民間。到了新中國成立時，只剩下一千多麻袋文件得以倖存，於是中央政府成立了明清檔案館保管這些檔案，我也就在八〇年代初，幸運地因為這些麻袋被應聘進了檔案館。

所有的親朋好友都像我中了頭等彩票一般向我祝賀。說我得到了一份「天上掉餡餅」似的好工作。

而我當時年輕無知，並不因此把它當作一回事。

現在想想，我當時運氣真的很好。在一九七〇年代、一九八〇年代，甚至一九九〇年代，擁有一份好工作並不常常與能力高畫等號。在那個「走後門」盛行的年代，任人唯親，有職權的人將自己的社會關係安排在重要的位置，是司空見慣的事。要不就是在「統一服從國家分配」的大口號下，服從「黨把你像擰螺絲釘一樣擰在哪裡，你就要像螺絲釘一樣牢牢地固定在哪裡，發揮最大限度的作用」的就業規則，幸運或者是不幸運地被分配到某個地方，還被要求「正確對待」，終生無怨無悔。哪怕你擁有一雙修長的手可以演奏鋼琴，卻被不由分說地分配去掄大錘鑿山修路；或者你原本沒有什麼學識涵養，卻因為出身工人階級便被委以重任，去科學院領導如何辨識光譜，確定天體的物質結構的研究……什麼可能都有。

大殿前的廣場

所以，我這顆螺絲釘一定是前世曾經修了什麼正果，得以在今世獲得一個好報，被國家如此厚愛，順手一擰，就擰到了一個許多人做夢都想不到的好位置。在大家眼裡，堪稱奇蹟而受到恭喜。

就這樣，「三人成虎」，我也開始以不同的眼光審視自己的工作了。

然而，過不了多久，我就漸漸厭倦起來，覺得這工作其實相當的單調。每天進了辦公室，就像一個木樁子一樣，一動不動地坐在一大堆暗黃色的舊文件堆面前，也可以說是一大堆歷史文件裡，「拜讀」明清兩代皇帝和眾臣的公文奏摺往來，然後再將它們分類，裝進不同的卷宗裡。那些文件檔案，比如說，請安類奏摺文檔、進貢類奏摺文檔、彈劾類奏摺文件、告密類奏摺文件、各省旱災水災類奏摺文件、與洋人打交道的奏摺文件、為節烈婦人申請牌坊的奏摺文件、鎮壓農民起義類奏摺文件，沒錯，「鎮壓農民起義」那時候是這樣定義的……凡此種種，讓外人聽起來挺有意思，而我當時以為，實際上每一幅奏摺裡不過是通篇的之乎者也之類的禮節性廢話。或者是在字裡行間拐彎抹角陳述實情，在長篇累牘之後的結尾一小段才真正進入主題，然後照例在末頁由皇上朱筆一揮——知道了。結束。

這種工作，依照我當時對朋友們的抱怨，這工作對中老年人來說其實才是再合適不過的了。

坐下來泡一杯茶，翹起二郎腿，可以且讀且思，慢慢琢磨，非常的修身養性。但是對我們這些二十歲左右的年輕人來說，每天八個小時日復一日沒完沒了地看這些八股文章，絕對的壓抑天性、讓人感覺枯燥乏味。況且，知道嗎？那些歷史遺留下來的文件似乎幾百年從來沒有被翻看過，整麻袋整麻袋地小山一樣堆放在紫禁城的清史館大庫裡。我每一次走進那些散發著霉味的庫房時，都會不由自主地倒吸一口涼氣，彷彿預見自己有一天也會成為這些老朽古董的一部分。

我開始對父母抱怨，說是不是應該考慮另換一份工作，哪怕是到幼兒園當保姆也比這工作有意思，每天和活潑可愛的小孩子玩捉迷藏，就是換尿布也比坐在舊文件堆中日漸老朽好多了。

我爸爸媽媽說我一定是腦子裝糨糊了。

這樣的工作，是別人打著燈籠也找不到的。試想，每天上班都可以在過去皇帝住的「大四合院」裡，騎著自行車到處逍遙，就是末代皇帝溥儀，也沒有這樣風光過。他騎自行車的活動範圍也只能局限在故宮的東西路和御花園至乾清門一帶，還得命令僕人將大殿的門檻鋸平。

一席話，說得我啞口無言。於是，便老老實實地在那裡工作了四年，於是也有了機會知道許多紫禁城的事情。

紫禁城。

這個名字就很有趣。想要充分懂得它的含義，最好是將三個字分開解讀。

第一個字「紫」，取自紫微星宿的說法，也就是天空中的三大星宿，紫微星、太微星、天市星。其中紫微星在中間，位置永恆不變，其他兩顆星護其左右。按照中國古代傳說，天上的玉皇大帝就是住在紫微星裡的，他的天宮因此被稱做紫微宮。那麼人間的皇帝呢，既然自稱是天皇的兒子，住的地方也自然要帶一個「紫」字了，喻指地上的紫微宮。這便成為紫禁城第一個字的由來。

第二個字「禁」，意指「不被容許」。皇帝住的地方，尋常百姓當然是不被容許出入的，所以稱為禁地。

第三個字「城」，說是「城」，其實只是一個人的住所，皇帝的居所。雖說皇上只有一人，但服侍他的僕人卻是成百上千，儼然一個獨立的城中之城。所以用「城」來形容整個皇宮，並不為過。

這樣，紫禁城就成了中國最後兩個朝代皇宮的代名詞。

紫禁城三大殿

這個特殊的城池占地七十二萬平方公尺，呈長方形，四周有十多公尺深的城牆和五十公尺寬的護城河環繞，東西南北各有一座巨大的城門，城牆的四角各有一個高矗的角樓。

城池的中間則是覆蓋著明黃閃亮琉璃瓦的重重宮闕，間或有翡翠藍、孔雀綠、寶石紫等巧妙點綴。巍峨壯麗，懾人魂魄。

據說，當初構思這組世界上最大的皇宮建築群時，是依據它的功用分為兩大部分。前半部分是外朝三大殿，是皇帝主理朝政的地方；後半部分是內廷三大宮，是皇帝和後妃們居住的地方。

那前半部分，若是從正門進入紫禁城，也就是午門，首先進入眼中的是五座漢白玉石橋橫跨在金水河上，然後是太和門，門後豁然開展出一個巨大開闊的方形廣場，能容納上千文武百官，專為明代皇帝御門聽政和清代皇帝宣讀聖旨的地方。不過我最怕在夏天的時候帶朋友逛紫禁城走到這裡，因為偌大的廣場，沒有一棵遮陽的樹，烈日當頭時，踩著腳下凸凹不平的古老金磚，似乎永遠也走不到盡頭，並且朋友十之八九還會追根究底，為什麼這裡擺了這麼多的大缸，養金魚用的嗎？

我常常被問得張嘴結舌。

在紫禁城裡一共有308個這樣的滅火大缸

九路門釘只有皇家宮殿才可以飾用

被稱「門海」的鎦金銅缸

⬆紫禁城東西路

真的，我經常從這些巨型的大缸旁邊走過，卻壓根也沒有想過，它們是做什麼用的。大概就是擺設吧。我隨口應付道，就像你家四合院裡的大白瓷盆。

直到有一天，一起工作的同事告訴我，它們是用來盛水的，以備著火的時候使用。我才恍然大悟，每次路過打量它們時，便開始用一種比較重視的眼光。

六百年前的人們真是相當的聰明，他們心思縝密，在設計大缸時，記得在石頭底座留一個灶孔，當冬天結冰時可以生火加熱，隨時保持水溫。

不過，它們倒是為太和門的廣場平添不少氣氛，特別是那些頗有貴胄品質的金大銅缸。

廣場之後是太和殿，人稱金鑾殿，凡有重大慶典，諸如皇帝登基、加冕、婚禮、慶誕日、賀歲等，都在此地舉行。大概是因為皇帝的金鑾寶座就安置在它的中間，所以它是整個紫禁城中面積最大、規格最高的殿宇。不僅如此，它還有其他幾個「之最」，比如，大殿正脊的吻獸是古代建築中最重量級的、大殿裡的彩繪是和璽裡最高等級的、大殿頂部的重簷廡頂是所有形式裡最具規模的，當然皇帝的九龍金鑾寶座無疑設計在二公尺高的楠木臺座上，這樣當他入坐時，就會高高在上，可以俯視眾臣，最唯我獨尊了。

不知道所有的這些「之最」，是不是與「太和殿」的稱謂，即協調宇宙一切關係的本意，有所自相矛盾。試想，如果皇帝處處表現出「唯我獨尊」的心態，又該如何協調與文武百官的關係呢？

或許皇帝並不真正在意他與外界的關係。自古皇權至上，那些「太和」、「中和」、「保和」的名字，僅僅是稱謂而已。

所以，中和殿和保和殿，一個是大典之前供皇帝休息的地方，一個是殿試的科舉考場，全部以「和」為貴，只是做個姿態而已，不必信以為真。

倒是漢白玉基座四邊的上千個石雕小龍頭，在下雨天裡，從龍嘴裡潺潺流出清水，是面有趣的風景。

三大殿之後，便是皇家寢宮，也是紫禁城的後半部分。

首先是乾清宮，皇帝起居的地方，其中又分中殿、東暖閣和西暖閣三個部分，東暖

⊙紫禁城護城河

閣和西暖閣都是皇帝睡覺的地方。我記得朋友曾問過我，皇帝為什麼要有多處寢宮呢？是防人暗殺嗎？我認為這個問題自問自答得真不錯，因為我也找不到更好的解釋。

皇帝當然怕人暗殺。

所以在乾清宮裡不僅設置了兩個寢宮，還在兩個寢宮裡設置了眾多的床鋪。這樣，若果真有高明的殺手飛簷走壁潛入紫禁城，到了乾清宮也無法準確判斷皇帝在那天晚上到底睡在哪個寢宮哪張床上。

那麼，皇后住的坤寧宮呢？坤寧宮也有冬暖閣和西暖閣，卻不像乾清宮那樣設置有眾多的床鋪。也許皇帝只有一個，而皇后則可以再娶再續的緣故，似乎沒有必要擔心遭人暗殺。其中的冬暖閣是歷代皇帝大婚的洞房，設置有寬大的龍鳳喜床，據說彩幔上繡著百子圖，企望新婚夫婦多子多孫。諷刺的是，清朝的十個皇帝，從入關以後算起，生育能力一個不如一個，每況愈下，最後的三個皇帝終生無嗣，百子圖看起來並沒有幫他們多少忙。

如果按照風水先生的解釋，乾清宮代表陽性，坤寧宮代表陰性，那麼，交泰殿則在中間成為陰陽交合，天地結壁的地方。它有一個金碧輝煌的盤龍銜珠藻井屋頂，坊廊照例是龍鳳合璽彩畫，十分精美。

⬇➡紫禁城古建細節

⬅⬆紫禁城古建細節

➡紫禁城火麒麟

最後面，是御花園，有亭台樓榭、蒼松翠柏、奇石怪玉，凡是帝王家裡想要的觀景植物，幾乎都齊全了。甚至每一處景物的名字，都相當的優雅。比如說，御景亭、絳雪軒、浮碧亭、璃藻堂、萬春亭、延輝閣、澄瑞亭、位育齋、千秋亭、四神祠、養性齋、鹿台、井亭……聽起來已經讓人眼前不由自主地浮現賞心悅目的景象。特別是御花園中的那條石子甬路，是用上千顆不同顏色的鵝卵石和精磚鋪成的，描繪出七百多幅花、鳥、魚、蟲、人物圖案，極富情趣。

御花園的兩側往北，便是東六宮和西六宮，是太后妃嬪皇室其他成員居住的地方。每個宮院都有一個正殿兩個廂房，自成一體，又院院相連。

此外，東西六宮之外，又有一大片名目繁複的院落，什麼寧壽宮、皇極殿、養性殿、樂壽堂、暢音閣、景祺閣、英華殿、春禧殿……等等。有些從名字上可以猜測出其用途，像九龍壁，大概是雕有九條龍的牆壁；像御茶膳房，大概是皇家的廚房；像箭亭，大概是儲放弓箭的倉庫；像後殿，大概是後面的殿。有些從名字上完全看不出是做什麼的，只有令人費解的份。

紫禁城角樓

據說整個紫禁城有九千九百九十九間房子另加半間，不知是真是假，我在那兒工作了四年，從來沒有認真考證過。猜想起來，若是每天走進一間房子瀏覽一遍，也要將近三十年的時間才能看完。也就是說，進入紫禁城時是個朝氣蓬勃的年輕人，出了紫禁城時卻變成了步履蹣跚的中老年人。真是令人咋舌。

一九七六年唐山地震波及北京的時候，我們一群單身男女，紛紛搬到紫禁城避難。我記得我和另一個女孩當時住進了太和殿西側的平房，在晚上的時候，聽著風兒掀動窗簾的聲音，常常嚇得要死。因為一直有一種意味深長的說法，是「關於傍晚六點以後的故宮」。

什麼意思？

就是六點以後，夜深人靜的時候，過去的老太監說，會聽到隱隱約約的奏樂聲，還能看到排隊而過的宮女們，帶著陰間的森森涼氣……

所以我們的擔驚受怕也是情有可原的。

如今回想起來，這些往事是不是也很有意思。

➲ 別在半夜出去
➲ 這下面有十五層磚，防有人打地洞

天安門
原是個封閉的
T型廣場

Tian'anmen Square – Not a Square But a"T"

天安門廣場歷史上都發生過什麼事情？

很多。

如果從頭數起的話，大概可以這樣追述下來。

一四一七年，天安門正式建成，不過那時不叫天安門，而叫承天門，取其「承天啟運」的意義。那時的承天門，看上去更像是一座三層樓的，有著五個門的普通大牌樓，牌坊正中懸掛了「承天之門」的匾額，頂上鋪滿黃色琉璃瓦，身後延展著一條長長的御道，直通向紫禁城的正門。雖有氣勢，但只是牌樓的氣勢，遠遠趕不上與它正對著的大明門，也就是現在的前門。

一四五七年，天降暴雨，電閃雷鳴之際，承天門遭到雷擊，燃起大火，當下被燒毀。有人議論，是老天震怒，發威降罪人間。

一四六五年，明成化元年重新建築，還於原貌。

一六四四年，李自成攻占京城，承天門再次陷於大火之中。

一六五一年，清順治皇帝下令大規模修復承天門，同時改名天安門，含有「受命於天，安邦之民」的意義。城門五闕，重樓九楹，成為正式的城門規格，是當時北京最高的三大建築之一。此時的天安門，與南面的大清門，東西兩面的長安左門和長安右門共同圍成一個封閉式的宮廷廣場，號稱棋盤街，有中規中矩的千步廊，集中了當時吏、戶、禮、兵、刑、工六部，以及五軍都督府、通正使司、錦衣衛等衙門。

一九一三年，北洋政府下令拆除了千步廊，頭一次允許平民百姓進入天安門地帶。

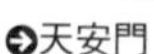
天安門

一九四九年，新中國成立。毛澤東登上天安門城樓宣布開國大典的時候，曾經指著面前的景象，躊躇滿志地說，希望不久的將來，視線所及之處，可以看到此起彼伏的豎滿高大煙囪的工廠。工業化的憧憬顯然是當時共產黨裡從鄉村出來的那批高級領導人的最大夢想。

一九五〇年代，中國政府的先後幾次對天安門進行了改造——拆除東西三座門、拆除長安左右門、拆除東西兩道宮牆、拆除中華門，結果整個廣場變得四通八達，成為一個無比寬廣的開闊地帶，占地四十四公頃，全部鋪砌了經過特殊工藝處理的淡色花崗石方磚，其間點綴了大批常青松柏。

一九七六年四月五日，成千上萬的民眾藉著悼念周恩來總理的理由，浩浩蕩蕩的在天安門廣場爆發聲討「四人幫」的抗議活動。開創了一九四九年以來群眾自發大集會的首例。那一年，三位最高國家領導人——周恩來、朱德、毛澤東先後離世，緊接著又遭遇到史無前例的唐山大地震，被老百姓稱為二十世紀五〇年代中國史上最灰暗的多事之秋。多事之秋的直接後果，是在中華門的原址建築了占地三萬平方公尺的毛澤東紀念堂。

一九八九年六月四日，廣場發生了震驚世界的天安門事件。所謂「冰凍三尺，非一日之寒」正是此事件最佳寫照。

至今再沒有什麼稱得上變化的變化。

那麼，對我來說，天安門又意味了什麼呢？

意味了很多與榮耀和愛情有關的事情。

很小的時候，每年十月一日國慶節和五月一日勞動節之際，在學校都會面臨被挑選去天安門接受檢閱的榮譽。對我們這些很小的孩子來說，參加檢閱，實際上是意味著從慶祝活動當天清晨六點開始，長時間站在廣場上，充當大型人體圖案的組成部分。我記得，常常是手裡拿著不同顏色的紙花，按照指令，舉起紅色的，放下黃色的，再舉起藍色的，放下橙色的，反覆重演。然後在數小時之後，檢閱即將結束之前，奔跑著湧向天安門城樓，去看偉大領袖的容貌。準確的說，不是湧向天安門，而是被一股巨大的人流裹挾，漂浮到天安門。我也從來沒有真正看到過什麼，不要說偉大領袖本人，就連天安門城樓正中懸掛的偉大領袖的照片，平時路過時很容易就會看到的，當時倒反而完全看不到了。眼前湧動的，只是前面奔跑的孩子們高舉的花束，然後是腳下跌絆的是別人的鞋子、書包、帽子、鉛筆、糖果紙……應有盡有。

即使如此，每年的天安門檢閱，所有的孩子還是爭著要去，那比當上三好學生還要令別人羨慕。它已經成為一種榮譽的象徵，即使是對年紀不到十歲的孩子來說。

後來文化大革命開始了，所有的十一檢閱和五一檢閱都取消了。伴之而來的，是每一次偉大領袖最高指示發布之日，便是一定去天安門遊行。人人都去，不需要通過任何選舉，那是「考驗忠心」的時刻。

這些最高指示，不知道為了什麼，通常在半夜發布，通過巨大的高音喇叭震耳欲聾的迴盪在城市上空，隨之而來的，便是民眾對此的「熱烈擁護」。也就是，不管是已經睡在床上進入夢鄉，還是剛剛正準備睡覺的人們，聽到窗外的喇叭裡傳出來有新的最高指示發表的聲音，就得立即毫不猶豫地起床，趕到單位或者是學校，集體排隊上街，敲鑼打鼓，載歌載舞，歡呼遊行。往往是所有的機關、學校、工廠、企業，有組織的湧上街頭，匯集在天安門廣場。

我至今閉上眼睛，眼前便會浮現當年天安門廣場上，群情激昂的場面。高音喇叭不停地播放「革命歌曲」，人流如海，沿著東西長安街，巨大的華燈底下，一團一團上下飛舞的甲殼蟲子，亢奮地不斷地撲向人群，常常將我嚇得魂不附體。更多的時候，因為是半夜遊行，我總是無法克服身體生物鐘的自然規律，往往會陷入一種半睡半醒的恍惚狀態，一腳深一腳淺地隨著學校的隊伍跌跌撞撞的前行。

然後很多年過去了，天安門經歷了更多的事情，漸漸的疲憊了，漸漸的安靜了下來。

一直到，周恩來總理去世的那段時間，天安門才又重新成為中心舞臺。我記得，那天的北風刺骨，天安門前面東西長安街兩旁，密密麻麻地站滿了自動等候目送靈車的群眾。從老人到孩子，大家戴著自己製作的白花和黑紗，隨著緩慢的哀樂默默的流著眼淚。我也擠在裡面不停的流著眼淚。不知道為什麼悲慟，因為大家都在悲慟。也許是憂國憂民，也許是憂慮自己。那時候的中國，國家的命運似乎比任何時候都牽繫著每個人

天安門夜景

的心，尤其是在遭受了文化革命十年浩劫的跌宕起伏之後。

接下來的三個月，天安門廣場群眾藉著清明節掃墓悼念周恩來的機會，引爆對毛澤東夫人江青的強烈憤怒集會，那聲勢撲天蓋地，教中國的民眾對自己和國家湧生新的見解。

天安門廣場也從此成為中國民眾的精神聖壇。

文革結束以後，我開始與男孩子談戀愛了。夜晚騎車路過天安門廣場寬闊的馬路，在橘黃色的華燈下，忽然發現長安街的居然流溢著柔情似水氛圍。

然後，我就出國了。

再回到北京時，天安門對我來說完完全全成為了一種意味深長的回憶。我站在它面前，和我的孩子們和老公一起，環顧四周的景象，感慨不斷，然而，他們的感慨和我的感慨，內容一定截然不同。

比如說，如今大會堂後面新蓋的國家大劇院，像個巨大的蛋殼，閃閃發光的矗立在正方形的水池上，令我愕然不已，卻讓我的老公和孩子們讚聲連連。

昨天打電話和爸爸聊天裡得知，國家大劇院一張前排的票價要一千多元人民幣，已經比倫敦的歌舞劇票還要貴。我們年底的時候，去皮卡迪利廣場看了歌舞劇《芝加哥》。當然，若是論氣勢，北京新建的國家大劇院肯定比倫敦的任何一家劇院都宏偉，這大概就是為什麼它敢定高價的原因吧。

很多人都不喜歡這個有點怪異的龐然大物，特別是它緊鄰著天安門和人民大會堂，被批評為與廣場上的其他建築格格不入。

我倒不這麼認為。國家大劇院與人民大會堂代表了兩個不同的時代，新的世紀需要新的建築，來表現新的風格。比如說，奧運會鳥巢、水立方游泳館、新中央電視台。兩千年後，當它們成為未來世紀的古建築指標時，後人們搞不好會說，看看，二十一世紀初的這幾個北京的建築，是不是創意十足？儘管那時候是用一種很落後的叫作「Q460鋼」的鈦金屬板材料構造的，但是卻奇蹟般的流傳到了今天，並且還很美觀呢。

太監的去勢與得勢

Enuchs : Losing One Power to Gain Another

說到紫禁城，就不能不提到太監，否則，中國明清兩代皇宮裡的景觀就不夠完整。

太監又稱宦官，是專門服務於內廷的官員。在兩千多年前東漢的時候就有了，明朝中期形成最鼎盛的一股勢力，不僅人數多達十萬之眾，而且權傾朝野，乃至清朝的皇帝們看到了其中的隱患，制定出宦官不許參政的規矩，才漸漸收斂下來。

很多男人看不起太監，認為他們不夠男人。豈知這世界上沒有誰是心甘情願做太監的，都是出於生活所迫，家裡實在窮得沒飯吃，才送到宮中做太監的，要不就是沒爹沒娘的孤兒，連親戚們也不願意收留，只好當太監找一條活路，總比餓死強一點兒。

這是實話，只比餓死強一點兒。

想想看，別的且不說，單是閹割陽具這一項，不僅要忍受非人的疼痛，而且讓堂堂男子漢大丈夫無地自容。所以，被割了陽具的男人，通常也就沒人拿他們當男人看待。

這真是世界上最令人傷心最令人不齒的事情。

當然，凡事都是有失必有得，有得必有失。太監們失去了做男人的一項主要的樂趣，但是他們也得到了尋常人難以接近最高統治者的機會，這讓他們直接享受到榮華富貴權力勢力，特別是那些歷史上做太監做得最成功的人。

我曾經問過我先生，外國的宮廷裡，是不是也有類似的宦官？

他當時正在看報紙，想了想說，沒有吧。

我認為他有點心不在焉，追問，如果沒有，那麼宮裡美女如雲，還不生出一大群孩子來？他說，也是。便再沒有了下文。他看報紙時，最好別與他對話，否則一切都會所答非所問，你說張三，他說李四。

我本來想得到現成的答案，看來只好自己翻書考証。然後發現，古代波斯和鄂圖曼土耳其帝國也有挑選白人和黑人的年輕男孩，閹割後販賣到宮裡從役的做法。他們認為沒有女人和孩子的僕役，能對主人忠誠一輩子，更值得信賴。儘管那時閹割的技術不夠好，死亡率高達百分之六十，但是仍舊有很多窮人的孩子不得不走上這條路。僧侶是閹割術的操刀者，他們自己也是禁慾者，做這種事情便具有了一層「助人為樂」的心理。

不過，相較之下，在中國的古代，淨身手術發明得相當早，並且完善，通常不是由廟裡的和尚們主持，而是由宮廷內的一些特別官員壟斷。他們每年四季各一次，成批為宮內輸送淨過身的男孩子，並且得到好處。

據說，每一個需要淨身的孩子，首先要立下字據，寫明是自願具結的，無論生死都與持刀人無關，絕不追究。與我們今天臨上手術台一樣。

接下來，選擇一個良辰吉日，將被淨身的人關在一間稱為「蠶室」的小屋子裡。那間屋子必須四壁密封，不通風塵，就像絲蠶為自己做的繭子。同時還要遠離其他人的居所，避免閹割之中和閹割之後，淒慘的叫聲令人毛骨悚然。被淨身的人在其中禁食幾天後，就可以正式淨身了。

古代的消毒方法，當然沒有現代手術前用的優碘，而是用煮過的胡椒水清洗閹割的部位，再將鐮刀形的利刀在火上灸烤片刻，然後先從陰囊開刀，側切兩個小洞，與此同時，將一個煮熟的雞蛋塞進被淨身的人的嘴裡，使他既不能呼喊，也幾乎喘不過氣來，隨即借助其屏息靜氣腹肌出力的瞬間，淨身師傅雙手用勁一推，兩個睪丸便被擠了出來，緊接著快刀斬亂麻，「嗖」的一下手到物除，整個生殖器就被全部割下來了。

我不知道怎樣形容那疼痛，相信用「死去活來」這幾個字，一定是錯不了的。

儘管疼得死去活來，剛剛淨身的人卻絕對不可以躺著休息，而必須馬上隨即掙扎著起床，在兩三人攙扶下，在地上走幾圈，才可以回到床上休息。為的是避免沾黏。

以後的三天，不許喝水，直挺挺的被綁著躺在床上，身下鋪著濃濃一層草木灰，為的是防止感染。同時為了防止將來駝背，必須間隔性的進行伸腿動作，每一次伸腿都會引致撕心裂肺的疼痛。同時還要頻繁地換藥，使傷口盡量緩慢愈合。每一次換藥時，也會引致難以忍受的折磨。據說，所謂的換藥，實際上就是用豬的苦膽糊在傷口上面，以期消腫止血。中間部位，當然還要留出一個小洞，插上玉米管來導尿。

這期間，淨身師傅每天都要查看傷口，檢查是否閹割徹底。因為如果割得太淺，軟骨部分以後還會生長出來，就不得不再次「刷茬」。而如果割得太深，局部皮膚塌陷下去，以後每次小便的時候，尿水便會呈扇面形狀，打濕褲襠，非常麻煩，所以淨身師傅的手藝，對太監一輩子的生活來說，相當重要。

就這樣，直到一百天後，才算「大功告成」。

被割下來的陽具，男孩子自己不能留下來，而是由淨身師傅放在事先準備好的石灰罐裡，吸乾水分，最後放入紅絨布袋，用繩子吊在紫禁城裡一間專門稱　「寶貝房」的房間梁柱上，以後每一年都要更換位置，向更高的地方放置，祈求被淨身的人進入宮中之後，時來運轉，年年高升的意思。若是今後真的發了跡，可以用重金將自己的命根子陽具贖回來，以待死後進入棺材的時候，擺在身上，表示重新恢復了全身。

由此可想而知，成為太監，遭受到如此非人的折磨，他們的心理自然是扭曲的，得勢以後，潛意識裡面報復他人的陰暗心理漸漸膨脹，也就可以理解了。

中國歷史上有眾多的太監曾經威名天下，其中我認為最值得一提的，是秦朝的趙高，明朝的劉瑾，清朝的孫耀庭。他們不僅著名，而且，各有千秋。

首先，秦朝的趙高，他的過人之處是證明了一代鐵打的江山，大秦王國，可以輕易地被他玩弄於股掌之間，還有就是為學校的教科書貢獻了一則有趣的典故，指鹿為馬。

趙高原本是趙國的貴族，被秦國戰敗後，成為俘虜驅使入宮服務，受到宮刑，忍辱負重，嘗遍世態炎涼，但是他並不因此就認命，而是偏要抗爭。

他的韜略之一，便是找盡各種機會在秦始皇面前表現自己的聰明才智，乃至從成千上萬的賢士中脫穎而出，成為太子胡亥的老師。

他的韜略之二，便是在秦始皇臨終的時候，篡改遺詔，逼死原本應該繼位的太子扶蘇，輔佐胡亥成為秦二世，同時在二十多個皇太子兄弟之中大肆誅殺隱患異己。

他的韜略之三，便是利用一切手段使秦二世胡亥對自己事事言聽計從，最後竟然發展到「指鹿為馬」的地步。也就是，一天趙高在大臣們朝賀的時候，讓侍從牽來一頭鹿獻給秦二世胡亥，對他說，敬給陛下一匹馬賞玩。秦二世胡亥看到後笑了，說這頭牲口看上去是鹿，怎麼是馬？趙高不慌不忙，追問左右的大臣們，眼前的到底是鹿還是馬？眾大臣個個懾於趙高的威力，忙不迭地說，當然是馬當然是馬，弄得秦二世胡亥半信半疑，反倒以為是自己糊塗了，指鹿為馬。由此引出一則典故。

他的韜略之四，便是看到自己威信的絕對樹立，顛覆秦王朝的機會終於到了，於是

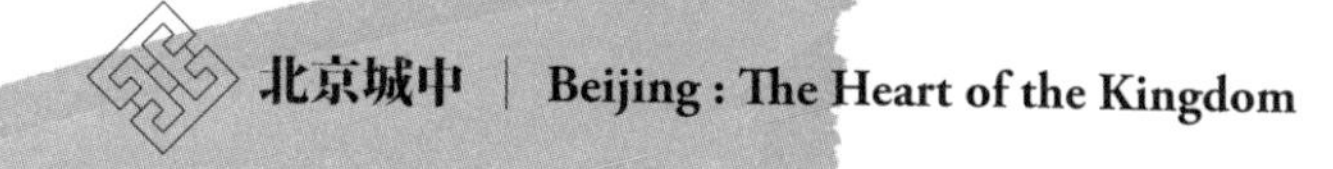

施展計謀，腐化皇帝，導致民眾暴動，發動政變，逼殺秦二世胡亥，秦朝最終覆滅。

趙高作為出身卑微的太監，演繹出古代史上最強大王朝的悲劇，不可不被追認為是一介足智多謀的匹夫。

另一位，明朝的劉瑾。

劉瑾的名聲是「中國歷史上最富有的太監」。可他出身卻相當貧寒，豈止貧寒，更連生身父母都不知來路，借用引薦他入宮的劉姓老太監的姓氏，才有了自己的名字。

不過這並不防礙他聰明過人，懂得溜鬚拍馬的獻媚之術，在得到機會侍奉皇太子時，深得信任。以後又在皇太子成為皇上的時候，成為一人之上萬人之下的重臣。

劉瑾當然不會放過飛黃騰達時期權傾朝野發家致富的機會。在最後被抄家時，被統計有黃金二百五十萬兩，白銀五千萬兩，僅此一項，已經相當於當時的國庫收入。其它大量的珍寶還未計算在內。所以二十一世紀之初，《亞洲華爾街日報》毫不遲疑地將劉瑾收錄於全球最富有的五十人之一，同時冠以中國歷史上最富有的太監的稱號。

做太監做到這個份上，算是應該心滿意足了，哪怕臨終時落得個被凌遲處死三千三百五十七刀的待遇。

最後一位，孫耀庭，之所以提及他，是因為他是中國歷史上最後一位太監。大凡世間之事，第一與第末，往往都會引人注意。

除此之外，他也是中國歷史上唯一寫自傳的太監，這本書提供給世人很多太監們的祕密，其中包括為什麼孫耀庭做為一個八歲的孩子主動提出去宮中當太監，如何由自己的父親親手持刀割去自己的命根子，為什麼有宦官定期體檢的制度，怎樣為閹割不淨的太監繼續「刷茬」，怎樣在宮中混跡，乃至如何為末代皇帝溥儀侍奉左右，以及歷經朝野變更的種種鮮為人知的故事。實為研究正史獵奇野史者們的驚人忠實史料。

孫耀庭生於一九〇二年，死於一九九六年，歷經清朝，民國，滿洲國，中華人民共和國，享年九十四歲，堪稱長壽，不知道這是不是與他終生沒有過女人，沒有做過壞事，沒有享受過榮華富貴有關。

我們在北京期間，我曾提議去北京的西山玩一趟，但是後來因為時間緊迫，沒有去成。我很想知道孫耀庭如今安葬在何處？是不是在北京西山？據說那裡有兩處很大的太監墓群，一處在碧雲寺，一處在西山腳下。我向朋友打聽，都說早就在文革的時候就已經被鏟平了。也許還有一個叫田義的太監墓僅存，有人去過，旁邊還保留了一個寺廟，過去是無家可歸的年老的太監們棲身的地方。我只好把這一計畫，留到下次再回來的時候了。

走木材的東直門
和走糧車的朝陽門

The Grand Gates for the Crops and the Lumber

城東也有兩座城門，叫「東直門」和「朝陽門」。

先說「東直門」。

它可不是一般的城門，雖然它看上去與其他的城門基本相似，甚至城樓的形狀比北京內城其他八個城門樓還略矮。可它卻是所有城門中第一個建築起來的城門，因而是「樣門」，也就是說，其他的城門，都是仿照它的樣子修造起來的。

這就奠定了它的「大哥大」的地位，至於矮了那麼一點，並不成其問題。我們人類的家庭裡，頭一個從娘胎裡出來的孩子也總是比後來的孩子矮小。

其次，它還是明朝留下來的唯一的擁有楠木柱子的城門建築，共有二十四根，非常罕見也非常珍貴，光憑這一點，似乎就應該有比其他城門更充分的理由被保留下來。

但是實際情況卻是，東直門城樓，在上個世紀初，僅僅為了讓交通更順暢，其中甕城便在一九一五年被拆除，而箭樓則在一九二七年落入同樣的命運。一九六五年，在拆

➔老朝陽門
➔老東直門

除了城樓之後，東直門從此徹底絕跡於世。

據說當年被拆毀時，有人曾經建議是否可以考慮多種方案，比如說，讓道路繞過城門。然而決策者卻振振有詞地說，這要多花好幾萬元大洋，誰出這筆錢？

這時，還真有個日本人站出來說，我情願自掏腰包出兩萬大洋保住這個城門。

可政府並不領情，拒絕了。大概是覺得讓一個外國人出資修理城門，是件很沒面子的事。

所以最後，保留面子比保留城門還重要，東直門無可奈何地被夷為平地。

如今，東直門剩下的，只有它的地名用途。還有就是——謝天謝地——一間間曾經住過許多聲名顯赫富人、具有歷史的老宅子。

為什麼有那麼多富人住東城呢？這就與東直門附近的漕運歷史有絕對關係。

北京城以前沒有鐵路時，往來貨物都是靠河流輸送。明代疏通通惠河之後，漕船直抵城東大通橋，順義運來的木材、南方運來的糧食都經由東直門運進城裡，所以東直門內外便蓋起了大大小小的倉庫。這樣一來，方圓幾里自然形成繁忙的商業區，很多商賈們紛紛擇地找建商蓋起房子，於是東城便成為北京豪宅的聚集地。

以至於到了現在，仍舊可以從中看到因著歷史留下的許多頗具色彩的地名，比如，北新倉、祿米倉、海運倉、東門倉、三裡屯、庫司胡同、元大人胡同、永昌胡同……等等。

據說當時的東直門內外大街相當繁華，有上百個買賣店鋪。經營的貨物從日用五金到食品百貨，幾乎包羅萬象。鐵鋪、皮匠鋪、首飾鋪、中藥鋪、鞘鞋鋪、冥衣鋪、理發鋪、雜貨鋪、乾果鋪、切面鋪、酒鋪、茶樓、糧店、燒餅鋪、紙煙鋪、成衣店、扁擔鋪、染坊、豆腐房、大車店、馬掌鋪、木料鋪、煤鋪、杠房，一個挨著一個十分熱鬧。

東城從此由於東直門的原因，漸漸成為老北京城裡達官富人擇地蓋房的黃金地界。

特別是清末民初時期，一九一〇年左右，又在附近建立北京城第一個自來水廠，讓東直門一帶更顯得舉足輕重。當時，這可是件轟動京城的天大事。因為在此之前，北京城裡從來沒有自來水，老百姓們只能從井裡汲水，雖然北京有井一千多口，卻多數是苦水井，水喝起來又苦又鹹，並且一旦遭遇火災，井水根本無濟於事。所以，朝廷裡主張維新運動的幾個官員，便向當時的光緒皇帝上奏本，希望仿效洋人，修建自來水廠。

這件事自然得到主張新政的皇帝的准許，事隔兩年之後，北京城裡有了水龍頭，第一次從裡面流出了純淨的甜水。

現在，在東直門外的北京自來水博物館，仍舊可以感受到百年前人們望著自來水湧出來時的喜悅。

事隔五年以後，北京城裡又修建了環城鐵路，東直門的漕運官倉才漸漸失去了作用。

但是「東富」的局面隨著歷史的發展已經雛型漸具，但真正成形則在一九七〇年代。當時各國使節準備在北京修建使館時，不約而同紛紛看中東城的風水寶地和人文環境，於是各式各樣的西式洋樓平地而起，大片大片的綠地就此鋪展開來。

而早年在東直門附近建築的東正教堂，後來改為蘇聯大使館，成為附近的一道特殊

的景觀。

除此之外，東直門外還有一個清真寺，據說元朝時已經初具規模，為從西域過來的色目人；也就是信奉伊斯蘭教的回族人，做禮拜之用。後來被毀壞，康熙年間在原址上重新修建，至今日仍是一座頗具規模的清真寺。每逢重要日子，前去會禮的伊斯蘭教徒，包括附近使館的人，多達數百人。

城東的另一個城門，叫作「朝陽門」，門上刻有一枝穀穗，象徵它是當年北京城裡走糧車的門，又叫「糧門」，與東直門略同。所以那些什麼北新倉、祿米倉、海運倉、東門倉等倉庫，實際上是分布在從東直門延續到朝陽門的一整片地區。

記得從明清檔案上看到，朝廷對倉庫有一套很嚴格的管理制度。當然啦，制度都是有針對性的，因為當時官庫盜竊成風，常常有諸如偷梁換柱、小鬥換大鬥、陳米換新米的欺騙事件發生，與我們今天社會上一些貪官監守自盜，頗有異曲同工之處，所以才不得不名列條文清楚的立下規矩。諸如，無關人員不得出入糧倉重地、計量容器必須使用正規的官府器具、偷盜超過限額的數量要處以絞刑……等等。

朝陽門除了被稱作「糧門」之外，我個人認為，還可以被稱作「戰火之門」，也許這後一稱呼，更能夠使朝陽門具有特點。

是真的，京華九門在歷史上，沒有哪一個城門比朝陽門經歷更多的戰火災難。

◀▲東城的大宅門

先是在元朝末年，由大將軍徐達率領的十多萬明朝軍隊，千軍萬馬圍攻城門，又是雲梯、又是高臺、又是噴筒、又是火銃，硝煙彌漫，終於將城門攻破，朝陽門被毀壞得不成樣子。

不過徐達是一個秉性良善的人，他進城後，立即明確下令兵士，嚴守三大紀律八項注意事項，不許騷擾百姓。即使進了皇宮，也只是清點了玉印，封了宮庫，全城婦孺兒童無一人受到傷害。

而接下來的一九〇〇年的八國聯軍攻打北京時，情況卻迥然不同。

據說當時守衛城牆的清兵共有十萬，外面攻城的八國聯軍才只有一萬，雖然人數少，但是備有新式洋槍洋砲，因此守城和圍城同樣十分艱難。守城的清朝軍隊拚死抵抗，攻城的八國聯軍也竭盡全力，動用無數的炸藥、排槍、火砲，連續轟炸各個城門。當時攻打朝陽門的日本軍隊，非常的頑強，在經過一番激烈的殊死戰後，除了朝陽門之外，另外七個城門全都無一倖免地失守，清兵死傷無數。

進入北京城的八國聯軍，立即宣布，為犒勞軍隊，特許兵士們「自由活動」，公開搶劫三日。

霎時，北京城裡立即成為一片火海，即便是紫禁城和王公貴族的高宅大院也無一倖免。據說，衝入紫禁城、頤和園、圓明園、天壇、地壇，以及各個王府的兵士，掠走各種珠寶玉器、古玩字畫、綾羅綢緞。戶部的銀庫被偷盜，就連祿米倉中的皇糧也被洗劫一空，而街上的店鋪、宅院、寺廟，損害更是難以計數。

毫無疑問，朝陽門在這次戰爭中，由於遭受到最猛烈的炮火攻打，幾乎成為廢墟。

胡同裡的老宅子
The Old Courtyard Houses

首先，北京有多少條胡同？

俗話說，「有名的胡同三千六，無名的胡同似牛毛」意思是老北京的胡同多得數不清。不過說這「俗話」的時候，可是上上輩子的事了。據統計，元朝的京城有胡同三百八十多條；明朝一千二百多條；清朝一千八百七十多條；民國三千多條，而新中國成立以後則有六千多條。有人估計如果連接所有胡同，那長度可比得上萬里長城。

那麼，北京現在有多少條胡同？

大概只剩下一千條了。

為什麼越來越少了呢？

答案可能是，嫌它們太礙事，就用推土機鏟平了吧。

什麼？胡同還能被鏟平？

當然。既然能打造它們，也就能把它們消滅殆盡。

這太讓人吃驚了！究竟為什麼？

因為，要蓋更多的房子，要修更寬的馬路。在接近二十一世紀的現今，北京的人口爆炸，數量已達到一千多萬。要讓這一千多萬人都有比較像樣的地方居住，就得建造出成千上萬的新房子，而北京就這麼大，就算把周邊郊區也列入，也不見得可以安頓這一千多萬人。所以，有人就有了這些想法和決定，不得不用推土機鏟平一些胡同，蓋起高樓大廈，讓更多的房子可以從過去的平面發展改為立體發展，一層層往上搭建，蓋得越高越好。

那倒是，要是真能蓋著蓋著就到天堂，豈不是更如意。

而且這一千多萬人，不僅要有地方住還得有空間活動。有些人原來是喜歡騎車的，如今卻改了主意換成開車了。這樣道路就得拓寬，胡同便得消失，讓位給大路。如此一來，胡同自然就越來越少。

這是不是一件挺遺憾的事？不是，不是「挺」遺憾，而是「太」遺憾了！我們的子孫後代都要怪罪我們，如果當初在決定舊城改造的時候虛心聽取專業建築師的意見，在北京城西面重新開闢另一個新城，也不至於面臨今天這樣進退兩難的處境。

如今，當年遍布京城的胡同，除了倖存的，就剩下回憶了，然後就是那麼一些徒有其名的胡同之最了。

我把它們記錄下來，搞不好有人對此有興趣。

最長的胡同：東城區的東交民巷胡同，一共有三多里長。
最短的胡同：宣武區琉璃廠附近的一尺大街，只有十多公尺。
最寬的胡同：西城區的靈境胡同，寬處三十二公尺。
最窄的胡同：宣武區天橋的小喇叭胡同，窄處僅五十八公分。
最有意境的胡同：百花深處胡同。
最具革新特色的胡同：學毛著胡同（原名「南下窪子胡同」）。
最讓人流口水的胡同：熟肉胡同和櫻桃胡同。
最香艷的胡同：宣武區的胭脂胡同。

最讓人掩鼻而去的胡同：西城區的牛巴巴胡同。
最能激發愛國情緒的胡同：花市地區的中國強胡同。
最令人畏懼的胡同：陶然亭地區的鐵胳膊胡同。
最醜陋的胡同：東華門地區的母豬胡同、新街口地區的屎殼郎胡同。
最形象鮮明的胡同：西城區的豬尾巴胡同和狗尾巴胡同、建國門地區的猴尾巴胡同和羊尾巴胡同。
最拐彎抹角的胡同：東城區北新橋的九道灣胡同。其實言不符實，它豈止九道彎，拐了足有二十多道。
最吉祥的胡同：凡是帶有「雞」字的胡同，因為「雞」、「吉」同音，表示大吉大利。

總之，很多很多稀奇古怪名堂的胡同。可惜的是，它們有些已經或者是正從地圖上消失。

若是問，胡同裡的房子呢？

當然也隨之越來越少了。胡同都不復存在，房子還往哪兒依附？所以，胡同裡的房子；也就是「四合院」，變得越發稀少也越發珍貴。

四合院。中國北方的一種民居建築形式。「四」意思是東西南北四個方面；「合」

↑改建後的新胡同
←老北京的窄胡同

↑有故事的胡同

意思是圍攏在一起。不言而喻，四面的房屋和圍牆合攏而成的院子，就叫四合院。

它通常只供一家人居住，有小四合院、中四合院和大四合院之分。不管規格大小，結構都一樣，也就是，坐北朝南方向的房子是北房，也被叫作正房，是合院裡最好的房子，冬暖夏涼，通常有高臺階。房子共三間房，中間的是堂屋，供祖先牌位的，兩側則是臥室，給家裡長輩居住。然後，北房兩側的房間是東房和西房，也被叫作廂房，是合院裡稍微差一點的房間，各有三間房，中間的照例是廳房，兩邊是臥室，給家裡的子女居住。南房是合院裡最差的房子，因為很少見到陽光，潮濕陰暗，通常是儲藏室，或者給僕人居住。

過去的年代，中國人喜歡大家庭，一個男人娶好幾個太太，第一任太太是大老婆，自然住在院子裡最好的房間——北房，所以家裡人稱她是正房太太，第二任太太和以後的幾位太太，住在東西廂房，所以又稱她們是偏房太太。可見，四合院的結構設計，反映出過去中國社會尊卑有序的老傳統。

四合院的中間便是庭院，通常種有海棠樹、石榴樹和金魚缸，所以便有「天棚魚缸

↑四合院的大門
←北方民居四合院

石榴樹，老爺肥狗胖丫頭」的字句總結形容四合院的特點。不過，四合院裡極少種松樹和柏樹，也不種梨樹和桑葚樹，因為迷信慣了的老一輩人，認為松柏通常是墓地的樹木，梨樹與「離」諧音，桑樹與「喪」諧音，都是不吉祥的事物。

有的四合院，還分內外兩個院落，前面的院子用來接待客人，有門房、客廳和客房，後面的院子則用來自住。就像我們現在住的這個四合院旅館，是普通人家的民居，很有京城市井的味道。

較大的四合院，有三進院落、四進院落，或向縱深發展、或向平行發展，但是每一跨院的結構都一樣。規模更大的四合院實際上就是王府了，是皇親國戚們居住的大宅院，可以是五進院落、七進院落，縱深橫向相連，雕龍畫風的遊廊將所有的屋子串通起來，曲徑通幽，金碧輝煌。

四合院的大門依循風水之說位於東南角，意味「紫氣東來」。進門以後，便可以看見一個相當寬敞的過道，講究的人家還有影壁。關上大門，自成天地，大人們躺在竹椅上納涼、休閒，小孩子在院子裡追逐遊戲，有著「大隱隱於世」的境界，絕對的隱私安全。

看來中國人比西方人實際上更在意個人的空間。

⊖北京四合院的內斂姿態
⊖庭院裏秋天的收穫——南瓜

我在國外住了二十年，相比之下，西方的住宅，與四合院的結構正好相反。西方人的住家，若是獨立的一塊地，房子通常蓋在正中間，四周是花園，高度通常不止一樓，多半有兩到三樓。樓下是客廳和廚房，第二三樓則是臥室和書房。父母和孩子可以選擇各自的房間，並無好壞之分，以示人人平等。同時不論占地有多大，也只有一個院子，哪怕擁有奧林匹克規模的游泳池、溫布頓格局的網球場，統統位於同一個巨型院子，沒有特別區分什麼一進，二進，三進。

總之，四合院代表中國傳統住宅的一種形式，也代表了中國文化的一個面向。而這形式和文化的完美結合，以北京東城和西城的四合院最為經典。

大概是因為這兩區的富貴人家較多，宅子建得結實漂亮之故。

我們這次回來，就預訂了東城的一家四合院旅館，想實際體驗一下老北京的四合院生活。不僅為了滿足我們家三位異國人的好奇心，也為了我自己。在北京生活了那麼多年，我並沒有真正住過四合院，怎麼說都是一種遺憾。

所以，我和我先生事先開了家庭會議，得到了孩子們的同意，回北京的時候，這一次要住在四合院裡。我聲明在先，告訴他們，不要期待四合院能有以往住高級飯店那樣，具備所有現代化的設施。四合院沒有游泳池、沒有健身房、沒有附設的餐廳和酒吧，甚至很可能連抽水馬桶和淋浴設備也沒有。

我看到孩子們臉上困惑的表情，又補充說明，因為絕大多數的四合院都至少有一、二百年的歷史，那時的中國怎可能有抽水馬桶和淋浴設備啊？不過，我話鋒一轉，又撒下誘因，不過，我們訂的這家四合院旅館還是有抽水馬桶有淋浴的。當初就是因為考慮到孩子們可能不習慣，否則真一定會讓他們體驗使用胡同裡的公共廁所、到大街上的公共浴室去洗澡的感覺，這樣回家後才可以名副其實地向同學們誇耀，真正體驗過老北京人以前的生活。

事實上，當我們入住東四汪芝麻胡同甲28號這家四合院旅館時，情況比我事先預想的要好得多了。

不錯，四合院不大，據說是清末太監李蓮英所有，不過不是正宅，隔鄰院落才是真正的28號正宅，目前為私人住宅，我們下榻的這座，只是它的附屬。附屬就附屬吧，在我看來，有方方正正的院子，院子四周有方方正正的房子，有紅漆大門和銅環門扣、古香古色的窗櫺，有幾口大缸養著活潑的鼓眼泡大金魚，這就已經夠道地了，何況每個房間還都有自己的廁所和淋浴。

類似我們住的這樣的四合院，從東四頭條到東四十條，一座挨一座，擠滿每一個胡同，而其中更有一些深藏不露的名人住過的大宅子。這從它們的院門就可以看出。要知道，四合院的院門可是四合院的門面，而中國人一向把面子問題看得非常重要，所以院

我們租住的四合院

門的外觀，相當舉足輕重。

那麼，大宅子的院門口通常都有些什麼呢？

首先是，上馬石和下馬石。當然，窮人家的院門肯定不需要，因為從名字就可以看得出，那石頭是專為騎馬的人士方便上下馬所準備。據說清朝宮廷有一則規定，不論武官還是文官，出門都必須騎馬，以示不忘祖的優良傳統，所以官員的住宅大門兩側，必定設有上下馬石。它們的材質大多是漢白玉，或者是大青石，雕有精美圖案。

除了上下馬石之外，考究的門檻也是富貴人家的一個標誌。當然，所有的四合院大門都有門檻，也就是橫躺在門口的一道木製或者石製的障礙。它是當初設計四合院時，特別規畫的設計，總共有兩個功用：一是為了將邪惡的東西擋在門外，保護住家的安全；二是禮節的尺度。當送別客人時，老北京人一定要將客人從屋裡直送到門檻外，絕不能在門檻裡說一聲「再見」就算結束，不僅得送到門檻外，還得站在那裡，目送客人遠去，哪怕外頭雷聲霍霍、驟雨狂風，也不能因為擔心淋濕而扭頭轉回屋裡。

相比之下，西方人的送客方式則完全不同。記得我和我先生結婚以後不久，朋友來家中作客，準備離開時，我們同時對客人說過再見，並將他們送到門口，習慣性地隨著客人走出院子，站在一旁，等他們打開車門，坐定後，做最後的招手再回去。一扭頭，卻發現老公沒有站在我的旁邊，人不知道從什麼時候就不見了。也許他壓根就沒跟著客人走出來。我有點不知所措，一個人尷尬地站在那裡，直等客人關上車門，揮手目送他

➔四合院的門環
➔廂房的窗櫺
⬆魚缸，四合院的元素之一

們開車離開為止。我一回到屋裡立即質問老公，為什麼你沒有出去送客？他反倒驚訝地說，有什麼不對嗎？不需要啊。他們自己會走啊，這樣不是更自在一點。如果我們站在那裡目送他們，反倒使他們尷尬，雙方還要不停地說「再見」之類的沒完沒了的話。

我聽了以後，真是氣得七竅生煙，喊道，那你幹嘛不告訴我啊。他說，誰知道你會隨他們一直走出去，我還以為你要跟他們一起上車，接著去他們家作客呢。那後半句話，讓我罰他跪了一晚上洗衣板。

當然，我是開玩笑的。

不過，從那次之後，我便知道西方人的風俗，送客不必一直送到眼看著人家離開為止，搞得大家都「累」，只要送到門口說一聲「再見」就夠了。

多簡單。

不過，到了中國，我還是要求他「入鄉隨俗」。住四合院旅館的時候，每次送客都得送到大門口的門檻外面，不然，有「禮儀之邦」美譽的中國人，鐵定會將他們看成「洋蠻子」。

這便是東西方文化的不同。

話說回來，四合院門口的重要標誌，還少不了影壁。也就是大門裡面或者外面第一道讓外人的眼睛看不到裡面「廬山真面目」的東西。它類似屏風，但不是由木頭和布料做成的，而是用磚土砌成的。牆上以圖案和書法裝飾，上面鋪蓋灰瓦屋頂。影壁的作用與門檻相似，也是為了阻擋邪惡的東西，特別是鬼怪。古時候迷信的人相信人死後，會變成孤魂野鬼在夜間遊蕩，影壁可以讓它們在牆上看到自己的影子而退避三舍。

除了影壁，大門旁邊還有另一樣重要的東西——槐樹。槐樹是北方常見的一種樹木，尤其在北京的大街小巷，你可以看見它們成排成排地生長著。試想，老北京人常說的，「宅子老不老，要看槐樹大小」，就可明瞭在蓋四合院的同時，要種植一棵槐樹的古老風俗，有多麼悠久。事實也是如此，人們在蓋四合院的之前，就預先規畫好種植槐樹的位置。

我一開始並不明白為什麼槐樹如此受到人們青睞，後來經過老一輩指點，才知道，原來槐樹具有許多象徵意義。比如，它象徵仙人、象徵聖賢、象徵學士、象徵……總之一切好的事物。而且它易栽易活，樹苗長大之後，樹幹粗壯，枝葉茂盛，春末夏初花朵盛放時，如雪如霜，繁茂濃烈得令人心醉。

我小時候看到班裡同學吃過一種白花花的大餅，嚐了一點兒，味道清香。追問是什麼東西，沒想到竟是槐樹花做成的餅，教我幾乎將嘴裡全部的食物吐出來。當時從沒聽

四合院的影壁

說花可以吃，以為一定會中毒死去。

過了幾天，身體沒有出現什麼異狀，自己不但活得毫髮無傷，而且那個吃了更多的槐花餅的同學，竟然也活得好好的。這才膽敢把這件事告訴媽媽。

我媽媽聽說後，嚇了一跳，忙囑咐我再也不要亂吃東西了，原來她也不知道世界上有些花是可以吃的。

所以直到現在，也沒有再嚐過槐花餅，有機會倒真想再吃一次。倒是友人透過e-mail告訴我槐花餅的古老製法：採集新鮮的槐花，洗淨後，稍微切一切，放入麵粉、雞蛋和在一起攪拌，再放入鍋裡油煎熟就可以了。

繼而又寫道，會不會做雞蛋餅？就像煎雞蛋餅那樣，只是多加了槐花。

噢，原來這麼容易，我想著。又繼續讀信，你們那兒有槐花嗎？如果沒有，不如你下次回北京時，先選好季節，然後到我家，我請我媽作給你吃。

據說，槐花不僅能作餅、做包子還可以炒雞蛋、拌豆腐、炸大蝦，還兼具涼血止血的作用。同時，槐籽也被傳說可以明目黑髮，不知道是真是假。

當然除了槐樹以外，講究的四合院的大門口還有抱鼓石、門墩、拴馬樁……等等。在東四一帶的胡同裡，隨處可見。

其實我對東四地區頗熟悉，除了上大學期間住了八年，再加上小時候斷續住過的一

➔北京四合院——大戶人家
➔北京四合院的樸素姿態

段日子，林林總總算起來至少超過十多年。可以說那裡的每條大街每條胡同，幾乎都曾留下我從小到大的足跡。

還記得上小學前後，每個星期六，劇院的巴士就將我們這些在幼兒園裡住了整整一個星期的孩子們，從芳草地幼兒園送到金魚胡同的院部駐地，讓等待在那兒的爸爸媽媽們將自己的孩子接走。然後，每個星期一早上，所有的孩子再由巴士從金魚胡同院部開回到芳草地幼兒園。因此星期一的早上，金魚胡同口就會傳出孩子們不願去幼兒園的集體嚎啕大哭聲音。

哭是一種非常容易感染別人、不可思議的事情。不知道別人是怎樣看待「哭」這件事情，對我來說，只要身邊一有人哭，我的鼻子就會有一種發痠發脹的感覺，緊跟著眼淚便不由自主地流下，哪怕那事幾乎完全與我無關。所以，儘管回幼兒園對我而言是挺開心的一件事，因為至少有人可以和我一起玩，但我也會因為周圍小朋友泣不成聲的關係也跟著哭得一把鼻涕一把眼淚。

不過，每個星期六的下午，從幼兒園回來，就是我們最高興的日子。

過去的金魚胡同，我是說滿清時代，曾經是「那家花園」，也就是清朝總理各國事務大臣那桐的住宅，規模非常龐大，一字排開共有五座巨大醒目的大門顯赫矗立著，占地一萬六千多平方公尺，幾乎是整整一條胡同。新中國以後，他的宅子被分配成為我父

⬆北京四合院——深不可測
⬅北京四合院——小家碧玉

母工作的歌劇院。

當時建國初期成立的各個部委，占用過去的王府、舊政府的駐地是非常普遍的事。比如說，國務院機關占用禮親王府，鄭親王府變成教育部，衛生部遷入醇親王府，全國政協則以順承郡王府為據地，解放軍機關落腳慶親王府，外貿部則入主廉親王府，中國社科院轉而搬進和親王府，恭親王府遂成為文化部的文學藝術研究院……比比皆是，號稱是「舊物利用」。

而金魚胡同被分配成為歌劇院後，就作為院部辦公室和宿舍。

我們家從小經廠搬到觀音寺之前，曾經在那裡住過短暫的時間。

我依稀記得從門房進去後，左面是一棟二樓的洋房；一樓是院部的圖書館，二樓是宿舍，我們就住在裡面。路過小樓再往裡走，是極大的一個院子，向右拐，又是一個極大的院子，格局是四合院但卻蓋著樓高兩層的房子，外型雕梁畫棟，設計得十分特別。從院子走出，再向右拐，則是一個獨立的小四合院。

我就經常在裡面上上下下瘋跑著玩，很多時候，更因為好奇別人家的院子究竟長什麼樣子，趁媽媽不注意的時候，悄悄溜到胡同裡；要不然就騎上別人家門前的上下馬石，或者抱鼓石上，amuse myself。

如今，金魚胡同完全變了樣，拓寬成為一條矗立數座大酒店的大馬路。舊地重遊，卻恍恍惚惚，彷彿小時候的那一段生活壓根不曾存在過。

這不是一件教人十分惋惜的事？要知道，被拆毀的這一片地界還包括另一座歷史遺跡——賢良寺。舊時，它曾是怡親王府，之後被改建成為寺廟。晚清年間，直隸總督李鴻章也曾寓居，當時整條胡同經常有掛著五彩旗子的各國公使的車輛，川流不息，著實風光了一陣子。

事實上，東單到東四兩側數十條胡同裡，有很多古代和近代著名的大宅院隱身其中，散居著握有權勢、財富的權貴、富賈。而新中國以後，大約在五〇年代末期，這些依然擁有大宅院的權貴、富賈，在政府「號召」下紛紛「貢獻」給國家，成為公共財產。

其中一部分被政府用作部門辦公室，另一部分則成為大雜院，讓原本一家一戶的院落，變成十幾戶人家共住的地方。

試想，當某一樣東西由姓「私」改為姓「公」，也就意味著成為不屬於任何人，是人人共有的財產，又有誰還會去保護和愛惜呢。

也因為這樣，許多過去相當氣派的大宅門，便迅速頹敗了。

看看如今眾多人家合住的院落，那些斑駁的院門、雜亂無章的庭院，就能明白我說的是怎麼回事了。

←變身後的北京四合院
→新建的四合院

就這樣，四合院在五〇年代以後，就開始成群的衰敗凋零，乃至到了文革幾乎瀕臨倒塌的慘境。

然後，忽然間，四合院到了二十一世紀，竟奇蹟般的時來運轉，重新受到人們的關注，而且是握有權勢財富的權貴之人。從前力爭上游想辦法要從平房搬進樓房的人，現在又前仆後繼從樓房搬回平房。四合院讓人們意識到土地的價值、與地氣接觸的重要、坐擁獨門獨院所代表的特殊身分象徵……凡此種種，都讓四合院再度回到了人們的心坎裡。眾所周知，在這個世界上，任何事只要是受到了有權有錢人的關注，多半就等於有了希望和前途。

政府也越來越明白地看清了這一點，借用私人的錢財和能力，挽救日益破舊的四合院，何樂而不為呢？

於是，四合院從一九八〇年代只需花費幾萬元就能買到座頗具規模的宅子，到二〇〇八年，同樣的宅子卻得付出數百萬元，整整翻漲百倍，而且還有繼續翻漲趨勢。

想，如今中國有多少富豪、權貴，就可以想見四合院有多寬、多廣的「錢」景。

四合院改裝的菜館

城西的西直門和阜成門 The Grand Gates for the Water and the Charcoal

西城當然也有兩座城門，西直門和阜成門。

就像其他城門各有自己的職責一樣，西直門的職責是開放通行，讓人可以到城裡運水，特別是皇家用水，因此西直門被稱為「水門」。而阜成門距離京西的門頭溝最近，出產的煤炭大都走阜成門，因此阜成門被稱作「煤門」。

北京從來都不缺煤但是缺水，儘管城裡有大小水井一千多個，卻有大半是苦水井，不僅不能飲用，連洗衣服都有問題。所以從明清朝代到民國，如何解決用水問題，一直是北京老百姓的生活難題。

我爸爸有個老朋友是北京內城人，聽說我要寫本有關北京的書，就告訴我很多北京趣事。

就他記憶所及，過去北京城有兩類井：一類是官井，也就是在公共地面上的井；一類是私井，也就是在私人住宅裡的井。在自己院子的井裡汲水，自然不需要付費，但若是從官井汲水，就得花錢購買，不過金額不高，若是再加一點小費，還可以請人送水到家，而這送水的人，當年就被叫作「水伕」。

當時官井的地界叫作「井窩子」，專門出售飲用水給老百姓，生意特別的好，因為人人都得用水，是生活的必需品。那些負責送水的水伕，用北京俗話稱呼便成了「水三兒」。注意，一定得用上老北京的兒化音，這名稱才叫得道地並且琅琅上口。

不知道為什麼凡是帶有蔑視意味的字眼，都會用上「三」這個字，比如，上海人叫窮人「小癟三」，北京人看誰不順眼便說是「下三爛」……等等。看來「三」這個字，在為孩子取名字的時候，還是盡量避開，以免將來長大上學以後，被同學們取笑。

至於送水的水伕為什麼被叫作「水三兒」？有人解釋，是因為送水的水伕和水窩子的掌櫃間「三七開」規定；賣水的錢，水伕得三成，掌櫃的得七成，所以才有「水三兒」這名稱。

還有人說，「水三兒」實際上是「水塞兒」的諧音。大多數水伕通常是用水車送水。這水車的底部有一個木塞，放水的時候，各家各戶拿一個大桶放在木塞下面接水，等水快滿時，「水三兒」立即動作敏捷地將塞子堵上，一滴水也不浪費，這種功夫，旁人便戲稱他們為「水塞/三兒」了。

一九一〇年後，北京安裝了自來水，井水漸漸廢棄不用。水窩子和水三兒也就成了老北京的陳年往事。

這說的是普通老百姓。

對皇帝而言，日常用水可不是從地底汲取，而是專門從北京西面山區的玉泉山引進的天然泉水。

玉泉山的泉水從乾隆朝代就已經遠近馳名，被欽定為天下第一泉，只供皇帝和其家人使用，由御林軍專門把守，常人不得接近。

每天天還沒亮，插著龍旗的皇家水車，就將玉泉山的泉水裝進車內，一路疾馳到西直門，待西直門城門一開，便頭一個進城，快馬加鞭奔往宮內。街上所有的行人、車輛，一見到插著黃色龍旗的水車，便自行迴避，紛紛讓路。

西直門因此便有專走水車之門的名號。

當然，這些都是歷史。

但對我來說，西直門卻是所有城門中最教我印象深刻的一個。

雖然過去沒有住過那一帶，但是從小到大，因為不同的原因，我經常到西直門。

像是小時候去動物園玩。在上個世紀初，在北京西郊設立第一座動物園，當時叫萬牲園，內有一百多隻動物，有亞洲象、東北虎、獅子、麋鹿……等等，來自各省巡撫的進貢。曾喧騰一時，直到新中國成立之際，連年戰亂之故，據說只剩下十隻猴子、兩隻鴿子和一隻鵰。

然而等到我年紀夠大，能夠讓爸爸媽媽帶著去參觀動物園的時候，已經今非昔比，園內已經群聚好幾百隻動物了。

動物園就位於西直門再往西的方向，因此要去動物園必定得路過西直門，只是當我懂得記憶，西直門早就被拆除了，徒有其名而已。

不過西直門這幾個字卻牢牢地留在我腦海裡。每一次坐車聽到售票員高聲報站「西直門到了」，那意思是說，動物園也馬上要到了。

在北京長大的孩子，沒有沒去過動物園的，因為北京當時只有這麼一個飼養動物並且對外開放的園區，孩子們又喜歡動物，所以每年春天各個學校一年一度的春遊活動，動物園一定是首選地方。

我相信我在上小學的六年裡，至少去過動物園六次，再加上有時候週末全家人一起外出遊玩時也去過動物園，這麼一來，次數就數不勝數了。

儘管這樣，我還是對去動物園樂此不疲，特別是喜歡跟學校同學、老師一起去。逛動物園時，會被老師強制排隊、手拉手，在擁擠的人群裡除了人腿什麼動物也看不見；上廁所必須舉手申請，碰上有淘氣的孩子惹得老師不高興，還有可能被懲罰全班不許上廁所；吃東西也只能在規定的時間，哨子一吹立即停止；不許高聲大笑、不許追逐打鬧、不許哭泣、不許嘰嘰喳喳、不許踐踏草地，因為那樣小草就會被踩死……直到有一天我定居澳洲後才知道小草不會被人踩死，草地只有越踐踏才能長得越茂盛，所以從來沒見過國外公園草坪立有「禁止踐踏」的小牌子。

儘管有這麼多限制，不知道為什麼，卻仍舊覺得比跟爸爸媽媽一起去逛動物園更有意思。

長大以後，不再覺得動物園裡的動物有趣，反而因為看到它們失去自由，受限在籠子裡，沒有得到應有的照顧，或者被泯滅了天性野性，心裡覺得很不舒服。於是便改去附近的展覽館，也在西直門，坐同樣路線的公車。

展覽館建於一九五〇年代，完全蘇式風格，是我爸爸媽媽那一輩人最津津樂道的建物。

展覽館後面有一家莫斯科餐廳，是北京當年最著名的西餐廳之一，深受戀愛中的少年少女和喜打群架的年輕人的青睞。後來館前還開了一間西點麵包店，販賣巧克力小起酥和核桃蛋糕。我和朋友常常從市區坐一個小時的公車，就為了到店裡享受持續飄浮在空氣中的誘人的奶油香氣，再順便買些誘人的西式小點心。

再往後，是展覽館各種各樣的展覽，不過實在有些千篇一律，於是就轉戰南北，去往離展覽館不遠的西苑飯店跳舞。因為蓋在高層樓的舞廳又小又酷，跳貼面舞是再合適不過。

如今，北京的動物園已經不止一個。郊區的大興縣榆鎮又也有一座動物園，而且是野生的。遊客可以一邊閒逛，一邊跟松鼠、麋鹿、袋鼠以及金絲猴點頭打招呼致禮，同時也可以看到成群的獅子、野豬、野牛、狼，在開闊的園地裡漫步。據說猛獸只要不處於飢餓和受困牆角的狀況下，不會主動攻擊施暴。不過門票可不便宜，成人八十元人民幣，兒童五十元。而當年我們去動物園，門票只要五分錢，所以對於一九八〇年代的中國大學畢業生，每月的工資只有三十八元人民幣，千萬不要覺得驚奇，因為這些工資在付了五元房租、兩元水電費、十元飯費之後，還是剩下二十一元可以買衣服和零食。

至於展覽館和舞廳，此刻在北京城裡比比皆是，而且一間比一間更眩目、耀眼。

西直門是人們有空就會經常去逛逛的地方。聽朋友說，那裡有北京市最大的服裝批發市場，流行指數絕對走在時代尖端。

至於阜成門，是所有北京城門裡，我唯一找不出話題可以描述的。因為我從小到大沒有去過那一帶，甚至迄今連它的方位都不清楚，更何況它又是專走「煤車」的城門。一提到煤，就讓我洩氣，小的時候，常常不知道怎樣點火生爐子，因而常遭人嘲笑，所以對走煤車的城門，自然退避三舍了。

➔老阜成門
➔老西直門

大宅門的宿命
The Fate of the Mansions

說起北京的五十多座大宅門，我的意思是指王府，迄今為止保留下來最完整最顯赫的，便是恭親王爺府，位於什剎海前海西街17號。

那座宅子，原本不是恭親王自己蓋的，而是乾隆朝代的大學士和坤所建。這個和坤，可不是什麼一般的大學士，光是他的頭銜就有御前大臣都統、領班軍機大臣、領侍衛內大臣、首席大學士、翰林院掌院學士、《四庫全書》總裁官、步軍統領兼管吏部戶部刑部理藩院……等等。在當時可以說是權傾朝野，一人之下，萬人之上，換言之，就是當時最有權勢、最貪婪大膽、也最富有的人。

據《清室稿》記載，當他被革職下獄抄家後，家產合計將近十億兩白銀，相當朝廷十多年的財政總收入，其中有房子三百餘間、花園兩座、古玩珍珠瑪瑙珊瑚玉石無數、洋錶二百八十餘隻、小鬧鐘三百多個，純金純銀碗碟酒杯痰盂面盆上千只、赤金元寶白

←大宅門
↓昔日豫王府

銀元寶上百個，夾牆藏金二萬六千餘兩，私庫藏金六千餘兩，地窖埋銀三百餘萬兩，古玩舖十五家，當舖七十五間，銀樓四十二家，貂皮衣褲上千件，玉器庫綢緞庫皮貨庫銅錫庫瓷器庫洋貨庫紫檀庫共三十間，土地八千餘頃……等等，財力雄厚蓋過大內所有。

這樣如此有錢有勢的權臣，住的房子當然也是最豪華氣派。和坤王府也就是後來轉賜給恭親王奕忻的恭親王府，占地足足有一百多畝，分別有前殿、後殿和通脊二層的延樓，延樓長有一百六十公尺，分隔成四十多間房間，然後是兩側東路和西路各三個大四合院，曲廊亭榭，環山銜水，直通巧石疊砌的後花園。

和坤被賜死之後，他的府宅便由皇帝轉贈給皇子奕忻。

這是清朝慣例。

皇帝的孩子（也就是太子）小時候，可以住在紫禁城皇宮裡，及長沒有繼承皇位

➍翻修後的老戲樓

的，統統得搬出皇宮，建造自己的府邸或者由皇帝賜給府邸，因此王爺府便成為紫禁城皇宮之外，北京最華麗氣派的大宅子。

所以，走在北京的街上，凡是看見門前有高大石獅子矗立的深宅大院，多半是王府。若再仔細觀察石獅子頭上的捲毛疙瘩，按照老北京人的說法，十三排疙瘩的石獅子代表皇家，十二排疙瘩的石獅子代表親王，以下依次遞減，因此可以清楚辨識宅內人身分地位的高低。

那麼，北京的諸多王府，究竟有多少被保存下來呢？不多。除了恭親王府，還有：

醇親王府：位於後海北沿，此刻是宋慶齡故居和衛生部。
老醇親王府：位於西城區太平湖東裡，現為中央音樂學院。
孚郡王府：位於東城朝內大街，目前對外開放，可以買票參觀。
雍親王府：位於北京雍和宮大街，可自由進出，但需購票。
禮親王府：位於西城區西安門黃城根南街路西，轉為軍隊駐地。
慶親王府：位於西城區定阜街，則是京津衛戍區司令部。
淳親王府：位於東交民巷，曾是英國代辦處。
鄭親王府：位於西城區大木倉胡同，改為國家教育委員會。
睿親王新府：位於東城外交部街，變成二十四中學。
睿親王老府：位於東華門外南池子，現稱普渡寺。
克勤郡王府：位於西城新文化街，改成新文化街小學。
豫王府：位於東城區帥府園東口，化身為協和醫院。

變身過程中，豫王府倒有一則趣聞軼事。據說王府主人是豫親王的後代，因為手頭拮据，不得不變賣王府，購買王府的是美國洛克菲勒家族。據說洛克菲勒家族對那塊地皮的興趣遠比王府本身大，因此一旦產權確認後，立即拆除全部地上物，取而代之的協和醫院。沒想到在挖地基的時候，竟然挖出大量金銀財寶，讓協和醫院可以用這筆錢更新設備，使得醫院成為當時乃至現在為全北京醫療設備最先進的醫院。如果當時豫親王的後代知道地底下埋有這麼多的金銀珠寶，一定不會如此輕易拋售。

可惜為時已晚，就算後悔也來不及。如今豫親王府只餘門口的兩隻臥獅，其他什麼也沒留下。它的命運幾乎也是一百多年以來，北京絕大多數大宅門的命運。

所以，恭親王府也無法免疫，先後被很多單位、個人據為己有。

也因此，我對恭親王府並不陌生。在它尚未對外開放之前，前面的院子曾經是文化部文學藝術研究院。我經常往返、頻頻感歎，那麼好的園子怎麼被許多人不相干的人占用成辦公室、居住，在珍貴的金絲楠木柱子上釘牌子，在高大的廊子之間砌磚牆，將寬敞明亮的起居室切割成數個空間，在昔日的大戲樓翻筋斗。據說這座著名的大戲樓由磚木砌成，一根鐵釘也沒用，而且根據回音的原理，在戲台下埋了九口大缸，京劇演員演唱時唱腔可以和缸底形成共鳴，聲音可以飄盪得極遠。

聽說今年夏天恭親王府已經修葺完善，整個煥然一新，並對外開放參觀，於是我們全家乘興逛了一趟恭親王府。曾經占據這個大府邸的諸多單位和一百多戶居民已經搬出，據說總共耗盡將近二十八年的時間，政府才陸續將這些人順利「請」了出去。想必是因為平白無故就住進王爺又氣派又舒適的房子，一旦搬出，無論入住任何一種樓房，都會湧生今不如昔的反差感歎。

但換個角度，如果今生今世已經在王爺府住過，那麼是不是已經比常人幸運多了？

我看這些人應該知足才是。

如今的恭親王府，看上去真的煥然一新、富麗堂皇。罕見的西洋門、栩栩如生的送子石雕、精巧的戲樓、珍貴的福字碑，處處顯示出恭王府的與眾不同，而其中最令人稱奇的，是院中的九千九百九十九隻「蝙蝠」。

那當然不是真正的蝙蝠，而是蝙蝠塑像，用來當作裝飾用途。從彩繪的長廊和漢白玉的扶欄，到房頂的屋簷和後花園，隨處可見一隻隻蝙蝠，甚至院中的一方池塘，也是按照蝙蝠的身影輪廓砌製而成。

每一個中國人都知道蝙蝠象徵「福」氣，是一種吉祥的動物，整個宅子布滿蝙蝠，便使得滿園生輝，晝夜浮動著福氣。

不僅如此，和坤還特別在池塘的周圍種了榆樹。每逢春季，榆樹銅錢形狀的金黃色葉子，隨風從樹上飄落，那滿池的燦爛、滿池的金碧輝煌，一看就十分喜氣。

想當年和坤便是仿照紫禁城內許多建築樣式建造這座大宅子，因此其氣象萬千的程度，就不足為奇了。

除了恭親王府，另外值得一提的是和敬府，也就是乾隆皇帝第三個女兒的府邸。它位於張自忠路7號，從遠處眺望，十分醒目。這是因為和敬府如今已經重新改造成為一家酒店，描紅畫綠，吸引很多外國遊客前來尋歡作樂。像和敬府這樣的老宅子改裝成的酒店，如今在北京漸漸變多，人們看好它是門頗有可為的生財之道，紛紛趨之若鶩趕搭改建熱潮，於是老宅院裡，一些可以「利用」的，便開始有了所謂的「華麗轉身」。

而更多的老宅子，歷經了百年亂世，連「利用」都利用不了的那些，便只剩下了殘垣斷壁。

隨著時間的流逝，老宅子的衰敗不可避免，不管是以斷垣殘壁的形式，還是以華麗轉身的形式。只不過華麗轉身搞不好更令人唏噓，就像是一件破衣服上鑲了幾圈斑斕的蕾絲和幾排耀眼的亮片，顯得不倫不類，越顯襤褸，卻被擺上臺面，期盼賣個好價錢。而斷垣殘壁至少保留下來了滄桑。不知道清朝的那些列祖列宗們在天之靈，看到昔日曾經住過的、那些美輪美奐的老宅，如今大多數幾乎蕩然無存，心裡說不定會感覺有多麼淒涼！

可惜，世間某些規律是難以逆轉的。大宅門或者是大宅門的主人，無一得以倖免於自然界由盛而衰的命運。

想當初清朝的開國皇帝太祖努爾哈赤建立後金部落一統天下，爾後又由兒子皇太極建國稱帝，開創大清王朝，進而再由順治從東北攻入中原，那氣勢銳不可擋、不可一世。繼之而起的三代君主——康熙、雍正、乾隆，則創造出清朝最繁榮的「康雍乾」盛世，整個中國在這輝煌的一百三十多年時間，富強昌盛、疆域廣闊。然而世情總有高低起伏，一旦攀爬至高點也只能認命往下墜。從嘉慶、道光到咸豐、同治，再轉光緒，最

昔日格格府

西城的經典胡同

終交棒到溥儀這位末代皇帝手中，國勢每況愈下，困窘到不得不私藏宮中的寶物，拿去轉手變賣以求維持日常生計的地步。

這一切，真是應了那句老話「富不過三代」，而且古今中外，無一例外。麥肯錫諮詢公司（McKinsey & Company）還為此專門做了一系列的研究，證明在全球眾多家族企業，其平均壽命只有二十四年。其中百分之三十僅僅傳至第二代；百分之十二有幸傳至第三代，只有百分之五可以順利傳至第三代、第四代。可見，「天下風水輪流轉，各領風騷五十年」這句老話真是千真萬確的。

毛澤東一定深悟其中的道理，所以才在宣布開國大典之後，就馬上頒布最高指示，「中國的革命是偉大的，但革命以後的路程更長、工作將更偉大更艱苦。這一點現在就必須向黨內同志講明白，務必使同志們繼續地保持謙虛、謹慎、不驕、不躁的作風，繼續保持艱苦奮鬥的作風。」並且立即制定六條規矩，「一曰不做壽；二曰不送禮；三曰少敬酒；四曰少拍掌；五曰不以人名作地名；六曰不要把中國同志同馬、恩、列、斯並列。」

可惜，人太過軟弱難以抵抗誘惑，即使是像他這等一代梟雄也難以避免。他不知不覺地漸漸接受群起的掌聲、「馬恩列斯毛」稱號、以人名作地名的榮譽……最終走向將

大宅門裡的荷池

自己神化的泥淖。

不過，這不妨礙他對「修正主義」有可能在中國的第二代、第三代身上產生巨大影響力的洞察能力。他為了提前防止「悲劇發生」，特意為全國的孩子們規畫「軍訓」、「農訓」教育課程。也就是說，毛澤東認為，在優越的生活環境中成長的孩子，不會懂得艱難困苦是怎樣一回事，因此就得靠人為的方式，創造一些惡劣的環境，讓這些孩子受苦、體驗，才懂得珍惜今天所擁有的美好生活，教每一個人警惕「不讓修正主義的復辟在中國重演」，使「紅色江山永保萬年」。

就這樣，中國在他領導年代出生的孩子（其中包括我），讀小學之後，都要分期分批接受艱苦生活的訓練——春天去公園拔草、夏天接受軍訓、秋天去農村割麥子、冬天天氣太冷，就在室內學習中央文件和吃憶苦飯。

在所有這些「受訓」中，只有春天去公園拔草算是我心中較為愜意的事情。至少那是在花園裡，四周有藍天、白雲和優美的環境。

小的時候，我就經常被學校分派到天壇公園拔草，因為離學校最近。老師通常將同學排成兩人一組的長隊，就出發帶往公園。老師發給每人到一個小鏟子，到在指定的地方，蹲下來鏟除雜草，並不是什麼苦差事，只是從來不會「蹲」的我，蹲個兩分鐘，身體就吃不消，必須站起來活動活動腿腳。我猜想，這大概與我平常在家裡坐抽水馬桶上廁所，而不是用大街上的公共蹲坑廁所有極大關係。因為身邊的同學，個個看上去似乎都有「蹲功」，不像我得頻繁地站起身，動動腳好疏通血脈，也因此老是被老師點名批評太過嬌氣。

後來我發現像青蛙那樣四肢著地，跪在草叢裡拔草，比蹲著的時間長一些，也就不必經常站起來，終於躲掉不少老師的奚落和指責。儘管無法久蹲，但怎麼也比在夏天接受軍訓好受得多。

所謂「軍訓」是指請部隊解放軍，到北京市區的小學、中學、大學，幫學生們進行隊列訓練。說得更詳細一點，就是在烈日炎炎的夏日，站在毫無遮蔽的大操場上，由士兵大聲喊口號，叫我們排成隊列，不停地稍息、立正、向左向右看齊、齊步走，再立定，一、二、三、四喊口號後再稍息、立正、向左向右看齊……持續重複相同的動作，直到有那麼一兩個體弱的同學幾乎暈倒，才有可能停下來稍事休息，不過，馬上又接著繼續同樣的操兵演練。

我最怕軍訓演練，在大太陽底下曝曬，臉上的汗珠層出不窮地往下滾落，然後面對那些比我們大不了幾歲的娃娃兵，瞪著眼睛、扯著嗓子，認真地對著我們喊口令，教我感覺好氣又好笑。當然，比較起去農村割麥子，軍訓演練活動還屬於可以忍受的範疇。

只要不用割麥子，農村其實是非常好玩的地方。不知道為什麼，我總是在某些事情上顯得笨手笨腳，譬如說，不會擺弄手裡的鐮刀。那時候，農村還沒有全面機械化，收割麥子不是用機器而是用人力，也就是說，我必須用一種外型像一把輕便的長柄折刀、被稱作鐮刀的工具。但不知何故，鐮刀一握到我手裡就變成了難以對付的奇怪武器。每次收割麥子的時候，天知道是怎麼回事，我常常會割到自己的手指或者腳趾，老是疼得鑽心，而眼前那一株株麥子卻秋毫未傷，仍舊直挺挺地立在那裡，而且麥田裡經常會出其不意竄出一隻隻小蚱蜢和小螳螂甚至小青蛇，嚇得我魂不附體。

農村的麥園，又廣又長，放眼望去，完全看不到邊際。按照不成文的規定，從麥子地的一頭開始收割，不到另一頭是不准停下來休息的，已經累得頭昏眼花也不能違規，為此我總是苦不堪言。

每天晚上收工以後，五、六個女孩子合擠著睡在農民的大土炕上，那炕硬得教人骨頭生痛，如果碰上好心的農民大娘，會燒熱土炕底下的爐灶，因此剛躺下時，整個背脊暖呼呼非常舒服，只是到了半夜，就能體驗被當作烙餅烘烤的滋味。我因此驚醒，卻見到旁人呼呼大睡，一副好夢正甜的模樣，不敢聲張的我，只得一個人偷偷溜到床下，看著窗外的月光想念北京家裡的軟床。

冬天的時候，則被關在室內學習中央文件（編注1）。當時，中央經常有檔頒布，有點兒像如今電視台的天氣預報，一日數次，是政治氣候的晴雨表。我們這些學生，即使沒有參加工作，也一定要學文件，這在當時是全民的運動。學習文件後，有時候就會吃「憶苦飯」，也就是說，吃一些特意從農村找來的，用來餵豬或是餵狗的「事物」，或者是連豬狗都不肯吃的東西。我不知道那是些什麼，總之無論顏色、味道都非常曖昧，根本無法下嚥。可是人人都必須吃，為的是體會過去的生活有多麼的艱困、惡劣，然後為自己此刻不必生活在吃這種食物的環境中而心存感激。

這些另類特殊教育，伴隨著我從童年至青少年，因此當我在二〇〇六年因恐怖事件（二〇〇六年八月，英國倫敦希思羅機場發現恐怖分子，試圖利用液體炸彈炸毀十二架飛機事件，該陰謀最後被英國警方成功解除。）受困於倫敦希思羅機場時，從早上到深夜，飢渴交加地擠身在黑壓壓的人群中，心中也沒有覺得特別煎熬，其忍耐的意志一定是因為年輕時候已經淬鍊習慣的關係。

編注1：由中國共　黨中央委員會發布的一種指令。常常通過從上至下的各級官員，下達給人們。

關於
鬥蛐蛐兒這件事
Let's Bet on Fighting Crickets

一代有一代的消遣方式。

我的孩子們這一代，放學回來後第一件事先上網。剛剛才跟同學在學校說再見，馬上就覺得已經離別一整個世紀，透過MSN迫不及待地天南地北聊個不停。接下來可能開始玩玩遊戲機、或者看看PSP裡的小電影，也可能打開iPod Touch，既可以聽音樂、網上沖浪、瀏覽照片，又可以下載QuickTime欣賞各種線上電視節目……

而我們這一代，小的時候幾乎沒有多少玩具可以玩耍，更別提什麼電腦、手機，因此就經常跑往戶外玩耍。女孩子跳橡皮筋、玩跳繩、扔沙包、捉迷藏、踢毽子；男孩子玩彈弓、彈球、拍洋畫（編注）……長大以後，文革已經結束，因此可以看到更多的圖書、中國和外國的電影，也可以去舞廳、去朋友的家裡開派對，要不就打牌，常常打得晝夜不停，昏天暗地。

至於我爸爸媽媽那一代呢？他們有消遣嗎？在我的印象中，他們好像從來也沒有機會有過娛樂，整天忙著革命、忙著工作，就連週末也因為經常有演出而加班，很少有自己的休息時間。真有空的時候，他們好像也會去電影院看場蘇俄電影、去政協禮堂跳支舞。但是大多數的時間，他們都在為革命獻身。他們恐怕是中國歷史上最忙碌、最忘我的一群理想主義者和社會活動家。

至於他們的爸爸媽媽那一代，我從來沒有見過他們，不知道當年他們在閒暇之餘都作些什麼消遣。從書上得知，爺爺那輩的老北京人可比爸爸媽媽那一代人懂得享受人生。他們玩的方式還真不少，像是上戲園子、泡茶館、逛妓院、養鳥、養鴿子、養狗養貓、養金魚，養得最多的則是蛐蛐。

所以，曾有俗話「鬥蛐蛐兒鬥得輸了一個江山」。

有這麼嚴重嗎？

有。清末民初的時候，京城裡到處都有鬥蛐蛐的地方，專門提供場地和排場，因此聚集大批遊手好閒之徒。眾人在蛐蛐身上下注相鬥輸贏，藉此獲利，所以擁有一隻驍勇善戰的蛐蛐，便意味著財源滾滾而來，於是中國民間便有了「促織」這則故事。

所謂「促織」是指蛐蛐，這是古代人對它的雅稱，因為擅鬥性格，所以人們喜歡飼養，在唐代達到極盛，無論富人窮人，幾乎人手一隻，有空的時候，就聚集一起，讓各自的蛐蛐彼此爭鬥，以搏輸贏。這大概相當滿足人類原始心理，那種爭強好勝的欲望。

後來有一文化人，根據真實生活寫了一個文言故事，取名《促織》。

故事描述明朝宣德年間，從宮廷到民間盛行著「鬥蛐蛐」的活動，而且朝廷每年都向各地百姓們徵收不同種類的蛐蛐，使得人心惶惶。

當時陝西華陰縣有個名叫成名的老實書生，娶有一妻、育有一子，在地方上擔任一個小差事。他趕上朝廷徵收蛐蛐的熱潮，卻苦於無處可尋，急得終日歎息，只想一死了結。他的妻子勸說，死有何用？不如自己出門到處走走找找。

他在走投無路的情形下，開始每天早出晚歸，在荒草叢裡和破牆腳下，辛苦尋找，但卻一直運氣不佳，沒有找到任何一隻像樣的蛐蛐。好不容易捉到一兩隻，卻是又小又瘦，完全不合規定。最後限期到了，成名因為拿不出一隻像樣的蛐蛐，被縣官重重責打幾百大板。他拖著鮮血淋漓的身體回家，躺在床上鬱悶得想再度尋死。於是他的妻子向一位駝背巫婆求救，請她代為祈求神仙保佑。沒想到巫婆卻給了她一張圖畫，上面畫有一個寺廟，一旁亂草叢中伏著一隻蛐蛐，還有一隻正要跳躍的癩蛤蟆。

成名的妻子回家後將畫交給成名，沒想到他這一看，竟茅塞頓開。他起身下床，按照畫的指示，來到村子裡的寺廟後面，四處尋覓，果然看到一處雜草叢生的墳地，有一隻癩蛤蟆正從眼前跳過。他跟著癩蛤蟆的蹤跡走，沒想到真的看見一隻體格健壯的大

精挑細選蛐蛐兒

待價而沽的蛐蛐

蛐蛐。成名大喜，趕忙上前捕捉，幾番努力，終於捉到了那隻蛐蛐。他拿到手裡仔細端詳，只見那隻蛐蛐個頭碩大、尾巴粗長、脖頸青色、翅膀金黃，顯然是一個名種。於是成名將它小心翼翼地帶回家裡好好照養，每天用最好的食物餵養它，只等期限一到，就拿它到縣裡交差。

那天成名九歲的兒子看到爸爸不在家，忍不住心中好奇，就偷偷打開養蛐蛐的盆子，想一探究竟，沒想到蛐蛐奮力一跳，竟然跳出了盆子！他趕緊伸手去捉，卻意外弄傷了蛐蛐的大腿和肚子，那蛐蛐很快便死了。

成名的妻子一看，大吃一驚，歎道，闖了這麼大的禍，等你父親回來，一定會非常懊惱。果不其然，成名一看到死去的蛐蛐，不但懊惱又無比驚恐，正準備狠狠修理兒子一頓，卻發現兒子已經不明去向。

後來人們在附近的水井裡，發現了成名孩子的屍體，這讓夫婦倆悲憤萬分。成名將孩子的屍體包裹帶回家，準備擇日安葬，沒想到到了晚上，他發現兒子竟然還有一絲微弱的氣息，夫妻倆連忙將兒子抱起放在床上，又仔細端詳兒子一番，果然看見兒子雙眼微合，睡意沉沉。正在這時，成名忽然聽到門外有蛐蛐鳴叫，趕緊起身奔出，看到一隻個子小巧、黑紅色的蛐蛐。它縱身一躍，便跳到他的袖子上。成名捉住這隻蛐蛐，見它雖然個頭不夠碩大，但卻短小精悍，便決定收養它，準備奉獻官府。

成名同村有一名年輕人也養了一隻蛐蛐，每回比賽總是戰無不勝。他來到成名家中，將自己的蛐蛐放進成名蛐蛐的籠子裡，企圖讓兩隻蛐蛐一較高下。成名看到對方的蛐蛐又大又長，而自己的蛐蛐又小又短，內心非常擔心。沒想到，兩隻蛐蛐爭鬥了幾個回合，小蛐蛐居然戰勝了，讓成名高興極了。

就在這個時候，院子裡來了一隻大公雞，一看到小蛐蛐立即飛撲向前，小蛐蛐一躍，便跳到公雞雞冠上，公雞不停地扭動脖子，卻怎樣無法擺脫小蛐蛐。成名見狀更加驚喜，趕緊將小蛐蛐捉下，放進籠子裡。

隔天，成名將小蛐蛐獻給縣官，並且告訴縣官小蛐蛐的奇特的本事。縣官不信，找來自己所有的蛐蛐和成名的小蛐蛐搏鬥，卻隻隻敗退，沒一隻能鬥贏小蛐蛐。後來又讓小蛐蛐和公雞相鬥，果然一如成名所說。縣官高興得不得了，賞賜成名許多銀兩，接著又把小蛐蛐獻給巡撫，而巡撫又把小蛐蛐獻給皇上。

這小蛐蛐來到宮中，不負眾望，大顯身手，不僅打敗朝廷裡所有的蛐蛐，而且還會隨著琴瑟的聲音，翩翩起舞，教皇上視它為人間奇物，賞賜成名更多金銀珠寶。

只是病榻上的兒子從井中救起後，持續沉睡著，直過了一年，才終於醒轉，恢復了精神，沒想到他卻告訴成名，他曾經變成了一隻蛐蛐，外形短小精悍而且擅長格鬥。

兒子終於醒轉，教他卸下心中大石，再加上皇帝豐厚的賞賜，讓他們一家三口從此衣食無愁，過著幸福快樂的生活。

這故事是不是挺有意思？而且還有一個令人滿意的完美結局。

只是現實生活，鮮少有如此完美結局。有不少人為了鬥蛐蛐，散盡千金，弄得家破人亡、債台高築。

只不過是一隻小小的蟲子，怎麼會有如此天大的魅力呢？

原來，蛐蛐本身就具有人類好鬥的天性。它們不是群居動物，因此生性孤僻，一旦發現別的蛐蛐侵犯自己的生存範圍，就會勃然大怒，奮力圍剿攻擊。人類發現自己竟與這麼一隻小生靈有著相似的特質，因此感覺特別親近，潛意識裡便發想如何利用它們特性，加以發揚光大，於是設計了一個狹窄的小環境，讓它們可以捉對廝殺，不但滿足蛐蛐原始的暴力渴望也滿足了人類自己的。如果把蛐蛐換成兩隻蜜蜂試試，鐵定只會看到兩隻蜜蜂各自躲在角落裡，誰也不肯搭理誰，所以人們對蜜蜂這類昆蟲，向來保持著不即不離的關係。

當然，也不是所有的蛐蛐都好鬥，至少雌蛐蛐從不爭鬥，它們甚至從不鳴叫，總是安靜無聲，因此越發彰顯雄性蛐蛐唯我獨尊、橫行天下的傲性，特別是南方一些地區——像是蘇州、杭州、安徽、山東等地出產的蛐蛐，通常鐵頭鋼背、牙齒堅硬、骨架結實，一雙後腿極具爆發力，被稱為是蛐蛐中的佼佼者。這大概得益於那裡的水土、溫和氣候、充沛的雨水以及茂盛的植被和富含豐富鈣質的土壤之故。

這樣的蛐蛐不僅外貌凶猛而且頭腦聰明，一旦相對格鬥，不但通曉攻守策略，當對手虎視眈眈對視自己之際，絕不魯莽行事，而是伺機撲進，然後再誘敵深入，再冷不防奮力反擊，即使較量過程中不慎被對方的鉗牙咬住，因而受了重傷，也會忍住疼痛，繼續頑強作戰到底，頗有壯士凜冽不屈的風度。

遺憾的是，這樣優秀的昆蟲，卻相當的短命，通常大約只能活一年，所以每年秋季，也就是蛐蛐生命的壯年時期，人們便不得不抓緊時機捕捉，絕不輕易浪費自然資源。因此有這類嗜好的人，每年一到秋季，就會不辭辛勞地長途跋涉，四處尋找稀世奇寶。

據行家告訴我們，懂得捕捉蛐蛐的人，通常都不說「捕捉」而是稱為「拿」蛐蛐。原因在於蛐蛐不喜歡被追蹤，因此它一旦發現情況危急生命，會立即潛入洞穴。而蛐蛐的洞穴，又被公認是除了人類的建物之外最傑出的住所，裡面設計巧妙，至少有兩、三個出口，可以隨時防止意外發生。所以，對付蛐蛐，只能智取不能強攻。拿蛐蛐之前，先要勘查地形，事先將其他的洞口用泥土封死，然後再用一種特製的網罩，耐心地在唯一的洞口處守候，再用一管草棍輕輕驅趕蛐蛐，才能讓蛐蛐在毫髮無傷的的情況下，小心翼翼地「拿」到。

除此之外，拿蛐蛐通常還要根據它的作息時間，選擇在白天午後兩點鐘左右時分組拿，這時間正值雄性蛐蛐為了吸引雌蛐蛐交配，大聲鳴叫不絕之時；又或者可以挑在深夜淩晨兩點左右時分，夜深人靜的當下，是蛐蛐最喜歡出來覓食的時候，此刻萬物靜謐，便可以清楚循跡找到它們。

「拿」到手的蛐蛐，一般會豢養在一只精緻罐子裡。

古時有錢人家為彰顯自己的財勢，喜歡用碧玉、雕漆、戧金、或象牙罐子。其實，最好的罐子是陶瓷製品，這種用澄漿泥烘培類似天然穴洞的陶罐，不但具有深膛、厚壁、闊口、加蓋，還具有保濕、保溫的功能，最適合用來養育蛐蛐。

而餵食蛐蛐的食料，也要精挑細選，講究營養均衡。不但要有綠葉青菜、五穀雜糧，也要有海鮮蛋白，必要時甚至熬製中藥好好溫補。當這所有的一切都準備停當，也就到了「養兵千日，用在一時」的時候了。

過去鬥蛐蛐，都是到專門鬥蛐蛐的地方，彷彿正式比賽賽場。八仙桌子一字排開，紈褲子弟由僕人們簇擁，店家用老中藥舖裡秤中藥的小秤，精確秤出每隻蛐蛐的重量，

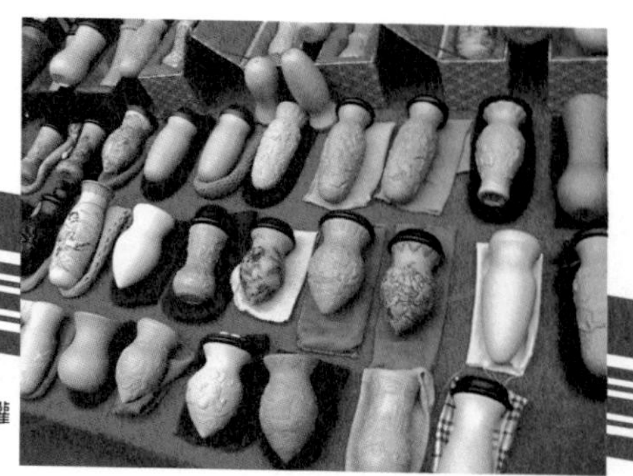

➔精品蛐蛐兒罐

據說可以精確到一兩的萬分之一，按照同等重量的蛐蛐放在同一賽場的規矩，每個參賽的人就可以擲下賭注了。

賭注通常少則幾串銅錢，多則上千兩銀子，正式開賭，嚴禁反悔。

自然，與賭場的情形一樣，鬥得傾家蕩產者，不在少數。

據說用蛐蛐賭博的歷史，最早可追溯到秦漢，興於唐宋，盛於明清，到了新中國時代，當然被禁止了。毛澤東一句「玩物喪志」，便將鬥蛐蛐、逛窯子、抽大煙，統統打入冷宮。

不過，我最近聽朋友提起，鬥蛐蛐這檔子事兒，近來又在中國再度風行，因為空氣變得清新、花鳥魚蟲重新回到人們的生活，再加上越來越多人從四合院搬往高樓大廈，離大自然、土地越來越遠，因此豢養小動物便成了北京市民的首選愛好。

朋友說，若是週末有空時，可以去朝陽區潘家園的華聲天橋市場逛逛，那裡有幾十公尺長的蛐蛐攤子，十分熱鬧。

我驚訝，難道政府不禁止嗎？

還不至於吧。朋友說，在許多省市，鬥蛐蛐，或者應該按照他們的說法，是民間蛐蛐大賽，漸漸成為日益興起的具有民俗特色的活動，政府至今似乎沒有干涉的跡象。而從報章雜誌的報導來看，僅是瀋陽首屆蛐蛐比賽的賽場，就有上百餘人通過電視轉播在大螢幕前觀戰，其壯觀的場面，完全不亞於世界盃足球賽的盛況。

編注：拍洋畫，類似台灣的尢阿標，一種紙牌。

環路的勢在必行

The Inevitability of the Rings

過去的北京城，就像一系列環環相套的四四方方的大小盒子，最裡面的是紫禁城，是皇帝和後妃們居住的宮殿；紫禁城外面圍了一圈皇城，是侍奉皇室的衙府、作坊和僕人們的處所；皇城的外面又圍了一圈內城，清朝時是滿族八旗軍的專用駐地；內城的外面最後是外城，是漢族以及其他民族的百姓們聚居生活的地方。

這個格局，一直延續到了一九四九年十月一日。

新中國成立之時，北京立即開始進行舊城改造，新上任的政府以城市規畫的名義，先是在一九五〇年代拆除所有皇城城牆和外城城牆，後來在文革前後，修建地鐵，拆除了幾乎所有內城城牆和城門，直到一九七九年政府下令停止拆除殘餘城牆，整個北京古城，除了僅存紫禁城的城牆和城門之外，由明代開始環繞北京的將近八十公里的內外城牆，迄今也只剩下東西便門地區大約幾百公尺的斷垣，而原有的四十七座城門也只剩下了三座。

據當時的資料記載，在整個過程中，曾經有個叫梁思成的建築師，始終固執地反對拆除城牆和城門。順便說一句，這位梁思成，就是大名鼎鼎的前清舉人梁啟超的長子，在日本出生，在北京清華大學、美國康乃爾大學、賓夕法尼亞大學、哈佛大學等學校讀書，是學貫中西的建築大師，絕不是不學無術的紈褲子弟。在他的描述下，北京古城是世界上現存的最完整最霸氣的中古都市。北京的城牆是世界上獨一無二的偉大歷史遺跡，將它改造成美麗的公園，可供人們登高遠眺、散步納涼、放風箏，所以應該盡力保存。倘若北京城需要改造和擴建，最明智的做法是在古城之外的西面重新建設一個新城，然後將老城改造成為一座歷史大博物館，可以讓人們參觀遊覽。

不幸的是，當時他僅僅是個建築師，又是那時的極少數派，人微言輕，當權者並沒有認真聽取他的意見。痛心疾首的他，最後只能預言，「北京古城所承載的歷史文化資產，不是皇帝個人以及封建王公大臣所有，而是屬於全民族、是勤勞聰明的中國人用磚石堆疊而成的史書。現在，人們不懂得她的珍貴，將她大卸八塊隨意糟蹋，五十年後，相信會有人後悔！」

五十年過去了，人們真的後悔了，試圖努力保護、修復僅存的殘破城牆，但是一切為時已晚，被拆除的城牆和城門已經永遠消失了。也許以後會有機會陸續重建，就像今天重建了永定門城樓一樣。可是，那是仿造的城牆和城門，怎麼也無法還原歷史老建築原有的那種亙古至今的滄桑感。

如果，當初真的採納梁思成的建議，在北京原有古城的西部建設一座新城，那麼我們今天就不必忙著剷平無以計數的古城牆、古城門、古四合院、古街道、古寺廟、古牌樓、古廟宇，同時也就不必忙著在北京城的邊緣加上一圈又一圈的環路。

真的，北京現在有幾條環路？

粗略考證一下，一共有六條，還不算上正在籌備中的七環。

一座城市有七條環路，在如今的世界上，恐怕是絕無僅有的。

我並不為此自豪。儘管這些環路修得氣勢十足、頗具規模又十分摩登現代，但是它們的存在，卻時時刻刻提醒著北京人，我們原本不需要這些一層又一層的圓圈疏導交通。如果當年，在老北京的西面擴建一個新的城市……

我當年在北京生活的時候，只知道有一個二環，也就是環線地鐵地面上那部分，路線涵蓋正東至建國門橋、正南至永定門橋、正西至復興門橋、正北至鼓樓橋等地，形狀方正，自成一格，一路暢行無阻，沒有紅綠燈的城市快速環路。

我離開中國的時候，它還沒有完全連接，只有一部分已經使用。記得那時印象中的地標有建國飯店、北京古觀象台、東南角樓、龍潭湖、天壇公園、陶然亭公園、菜市口、白雲觀、廣播電台大廈、月壇、北護城河、德勝門箭樓、鼓樓鐘樓、地壇、雍和宮、俄羅斯大使館。每一個地標都曾留下我的足跡，我是說，或者是在小的時候跟隨爸爸媽媽逛過，或者是在成年以後和朋友相約走過。二環路上這些老北京人最熟悉的景觀，對我來說全部充滿了種種回憶。

那時候，二環路上很少堵車，因為大部分北京人仍舊騎腳踏車，只有少數非常年輕、剛剛賺了錢的個體萬元戶擁有摩托車，私人轎車當然更少，道路上往來行駛的都是國營的公共汽車。

至於三環的快速路，我現在想想自己對它幾乎沒有什麼印象。北京人將三環外面的地區叫作郊區；城裡人對郊區一向頗有不屑一顧的傲氣。

的確，當年北京的三環，農村氣息依然濃郁。

當時，文化部在東南方向的三環路內，也就是如今的勁松，買了很大一片土地，我爸爸工作的歌劇院和青年藝術劇院率先在上面蓋宿舍樓房，但是劇院大部分人都不願意從城裡的虎坊橋宿舍搬到勁松，因為感覺好像是到了「郊區」一樣。我爸爸喜歡清靜，一等宿舍樓蓋好，便率先搬到勁松，對周圍的菜園和麥田讚不絕口，稱它們富有詩情畫意。

那時的勁松正在三環路的內邊緣，沒有一條像樣的大馬路，只有稀疏的幾個公共汽車終點站設立在那裡。空氣中成日彌漫著農村獨有的、那種混合了豬糞和玉米稭的味道。街上極少看到打扮時髦的都會年輕人。

每次我去看爸爸，到了公共汽車的終點站，至少還要走十多分鐘的泥土路，穿過一個村子，才能到我爸爸的宿舍。那幾棟樓房，從遠處望去，孤零零地佇立在田野裡，而

➲僅剩的幾百公尺斷垣古牆
➲環路上新的奧運建築：鳥巢

且不時從裡面傳出隨著琴聲練唱的男高音或女低音，以及大小提琴上下起伏的半音階旋律，呈現出一種與周遭環境完全格格不入的景觀，甚是奇特。

我爸爸搬到勁松以後，相當自得其樂，每天看看書、寫寫歌詞，到樓下農民的菜地田埂裡四處走動走動，精神氣色倒比住在城裡時好得多。那一大片生機勃勃的莊稼地，種了鮮艷的西紅柿和翠綠的豆角，放眼望去，四周有蜜蜂和蝴蝶翩翩飛舞，處處彌漫著花草的芬芳，讓人神清氣爽。

後來我出了國，第一次回國的時候，透過計程車窗戶，驚奇地看到原先斷斷續續的三環路，已經連接成寬闊的高速公路，兩旁奔馳著形形色色的各種車輛，閃閃發亮的玻璃帷幕高樓大廈此起彼伏的在我眼前閃過，勁松地區縱橫交錯的柏油馬路上，車水馬龍，繁華之極。原先的那些農舍、菜園全部消失不見。取而代之的是許多許多的高聳大樓、購物中心、肯德基、麥當勞，以至於讓我完全找不到我爸爸當年那些五層樓高的老式洋房。我們一路從首都機場奔馳前進，不斷遭遇堵車的窘境，坐在我旁邊的司機不停地按著喇叭、不停地咒罵，說四環路怎麼還不快點通車。他媽的！

四環路在我二〇〇一年回國的時候，終於通車了，據說它是國內道路建築史上最高標準，也是規模最大的城市快速環路，後來它還被指定為奧運專用道路。在它北面的奧林匹克公園裡，有新建的輻射式鋼架碗狀旋轉而成的鳥巢國家體育場、晶瑩透剔的水立方游泳館，晝夜吸引著絡繹不絕前來觀賞的人群。

可是沒過多久，緊接著就又聽到人們怨聲連連，從星期一到星期五，在中關村、四海橋、小營路口……等路段附近那一帶，還是堵車。人們怎麼那麼有錢？似乎在一夜之間陸續都買了車，所有的腳踏車都被扔入黑暗的樓道，長滿鐵鏽、落滿灰塵。

接下來，五環、六環，幾乎我每次回國，都會看到新的環路在修築、在開通。而人們，並沒有因此而停止抱怨。

相比之下，我們現在居住的阿姆斯特丹，城市外圍只有一個環路，而且家家至少有一輛車，很多人每天都開自己的車子上下班，怎麼都沒有北京六個環路問題那麼多。

沒辦法，如今北京有了太多人口，據說常駐人口就有一千五百萬人，流動人口則有五百多萬人。這麼多的人，需要有地方住、有路可以通行無阻，北京土地面積怎樣也擠不下，不得不往N個環路外面發展。

相信不會無止境吧。

十六歲的單車

Cycles and Cyclists

今年夏天回北京的時候，我的老公和兒子各買了一輛腳踏車，說是為了方便四處遊逛。緊接著，第二天，我兒子就宣布要自己騎車去圓明園，因為那天碰巧我們有朋友請客吃飯，他說比較無聊，情願自己騎車去公園逛逛。

我先生說，還是等他有空時，一起去吧。他也很想去圓明園，自從上次去那裡，至今已經隔了二十年了，不知道有沒有新的變化。再說，兒子自己第一次在北京騎車，就去那麼遠的地方，行嗎？

我說，怎麼不行，我十六歲的時候，剛學會騎腳踏車的第二天，就勇敢地隨同學們騎車去頤和園，不也是完好無恙的回家了。

是啊，他立即接了話，所以你衝散了一對正在親密依偎散步的情侶，還差點在火車鐵軌上壯烈成仁。

他怎麼總有本事把別人說過的話記得那麼清楚？我瞪了他一眼。

不過，他說得一點也沒錯。十六歲那年，我平生第一次學騎腳踏車。算是我們同齡人裡，少有的。

眾所皆知，中國是全世界有名的腳踏車大國。一九八〇年代北京市人口九百萬，腳踏車數量已將近八百萬，北京市民幾乎人人都有也都會騎腳踏車，可是我偏偏就是那不會騎車的百分之三。丟不丟人！

可是我媽媽堅持己見，認定不會騎車才好，可以減少在馬路上被車撞到的機率。但我覺得很難為情。於是有一天在同學的慫恿下，偷偷學騎，沒想到我居然挺有天分，學不到一個小時，就可以在別人不必攙扶的情況下，自己騎車上路，雖然還騎得搖搖晃晃，不過同學全都歡呼萬歲，然後我就做了一個令人興奮的決定，向同班同學的哥哥借腳踏車，第二天騎到頤和園玩。

就這樣，我們這群不知天高地厚的小姑娘，瞞著家裡的大人，悄悄相約集合後，便朝著西北方向上路了。現在想想，當時真是「憨膽」，那一天，我差點讓火車給撞死。

初上路時，一切都還好，沿路都是柏油路，同學們前後互擁保護我，倒也順利平安騎了很長一段路，可是過了動物園後，路變得崎嶇不平，特別是過了黃莊以後，沿途盡是坑坑窪窪，車子也變得複雜，不僅有公車，還有大卡車、拖拉機、小毛驢車、馬車、騾子車、摩托車……五花八門，爭先恐後，誰也不讓誰，各自都有充分的理由爭搶最好駕駛的路段。

我的額頭沁出汗水，雙腳越來越不聽使喚。同學哥哥的腳踏車是專為男生所設計，座位即使放到最低，對我來說也是高不可攀。而我剛學會騎車，還不會上下車，每次開始要騎上去的時候，都是從前面的橫桿跨腿過去，蹬起來後，再坐在座墊上。下車時，煞車後雙腿站直，再從後面跨腿下來，非常笨拙。若是遇到緊急情況，就先大聲喊叫，讓周圍的「路障」，那些行人什麼的，趕快讓路，緊張得根本來不及想到可以按鈴；實在躲不過，只好硬著頭皮撞上，然後一個勁兒地道歉。大多數人看我是個孩子，也就算了；少數人會罵個兩句，我們只是偷偷暗笑。但是我知道自己越來越力不從心了。

就在這時，發現前面路上有道鐵軌，同學個個都順利騎過，我也沒想太多，跟著同學往前騎，還來不及反應，一個踉蹌，我狠狠摔倒在地，整個人動彈不得地趴在鐵軌上。

至今我都清楚記得當時趴在鐵軌上，眼冒金星，全身疼痛的感覺。同學看到我摔跌，紛紛掉頭大聲喊著，別趴在鐵軌上，趕快起來，火車很快就要來了。

我一面大聲哭起來，一面喊著「救命啊」，旁邊的行人都跑過來「救」我，在眾人七手八腳的協助下，我總算站了起來，一邊驚魂未定地揉著滲血的膝蓋，一邊看著一輛火車在我面前呼嘯而過，那情況把同學們都嚇呆了。

事後，同學才告訴我，過火車鐵軌時，千萬不能順著軌道騎，那樣肯定會摔倒，要逆著軌道而過才行。可我當時怎會知道這種技巧，看到別人輕鬆通過，我也跟著，哪會料到還有如此的「埋伏」等著我。

接下來，我開始小心翼翼，放慢速度，專心騎車，再也不敢恣意說笑。

回程的時候，比較順利，再經過鐵軌時，我乾脆早早下了車，心有餘悸地推車過鐵軌，直到又騎了一段路以後，心情才開始放鬆，正打算與身邊同學開點玩笑，就看到不遠處有一對親暱的戀人，手挽手走在馬路上。不錯，這兩個人大概因為沉醉在甜蜜的二人世界，而忘記周遭的環境，不知怎麼的從人行道上款步走到機動車行駛的馬路。我的同學先後準確無誤地從他們身邊繞過，唯獨我，由於技術的原因，不偏不倚剛剛卡在他們中間，想要煞車停下，已經來不及，只好硬著頭皮，一面大聲叫喊「對不起」，一面筆直從兩個人的中間衝過，只聽見那女的尖聲大叫，手裡的梨也被我撞飛，骨碌碌地滾得好遠好遠，那男的還愣在一旁，一臉茫然的東張西望。我嚇得出了一身冷汗，趕緊飛快騎奔出他們的視線。

自從我把這個故事告訴我給我先生之後，他便牢記在心，每逢有需要用到的時候，一定會添油加醋、大肆宣傳一番。

不過，從那次之後，我就會騎腳踏車了。媽媽知道後，非常納悶，我到底是什麼時候、什麼地點，學會騎車的，怎麼她居然一點也不知道。

後來，她買給我一輛真正的淑女車，沒有橫桿，非常好騎，從此我再也沒有在鐵軌

圓明園遺址

上摔倒，也沒有做出任何「棒打鴛鴦」，硬生生從親密戀人中間「斬路」的事情了。

我喜歡在北京騎腳踏車，尤其是想在小胡同裡穿梭，自由來去，沒有什麼比腳踏車更方便，尤其北京最有情趣的地方，幾乎都隱身在眾多胡同裡。在北京騎車也很容易，所有道路都是端正的東南西北，只要看準方向，朝著目標前行，一定會找到目的地。

我兒子後來真的一個人騎車去圓明園。他說，很容易，沿著長安街，一路都有大路牌，到了廣播大廈的路口往北拐，直奔動物園，然後跟著320公車走，很容易就可以找到圓明園。

他第一次去圓明園就對它印象深刻，因為看見巨大而精美的百年建築悉數傾塌在地而深受震撼，繼而納悶，為什麼滿園都幾乎沒有看見外國人，除了他之外。剛開始他挺尷尬，漸漸的也就習慣了。後來有排隊的小學生對著他指指點點，大概是把一百多年前八國聯軍做過的那些駭人聽聞的壞事，全算在他的頭上，然而不知何故，忽然走近兩個小男孩，問他可不可以一起照張相。

總之，從那次之後，他就愛上了騎腳踏車，每天上街兜兜轉轉，回家後談起一路上所見所聞，感覺十分愜意。

我其實非常高興，我的孩子在二十多年後，也回到自己曾經每天騎車的地方，以同樣的方式穿梭大街小巷。每當看到上下班巔峰時間，成千上百的腳踏車如洪水般在寬闊的馬路上湧動，我彷彿瞥見二十幾歲的自己，擠身車潮中，微風拂面，昂首挺胸地往前騎馳，心裡覺得特別touching。

真不能相信，腳踏車從西方傳入中國，僅短短一百年的歷史，中國竟後來者居上，成為世界聞名的腳踏車大國。據報導，光是北京市平均每天行走路上的腳踏車就有二百多萬輛，居世界之首。而腳踏車的發明者英國人斯塔利的故鄉，我們今年二月去英國南部旅行時，卻只看到的寥寥可數的人還使用腳踏車作為交通工具，大多數人只在室內健身房騎運動腳踏車健身。

顯然，在一八八五年中國人和斯塔利都沒有想到，不過是輛兩個輪圈的奇怪東西，竟會讓彼此生活帶來巨大變化。

是的，北京馬路上這一百多年來發生了翻天覆地的變化。

一八八五年以前的北京，大多數普通老百姓出門都靠雙腳走路，當時的北京城也不大，不過方圓幾十公里，無論去哪辦事，走著走著也就到了，若地方稍遠，還是靠著一雙腿，總是能走得到，累是累了點，但當時的人們吃得了苦，不把走上十里路當一回事。當然，有錢人家，出門可以「有車代步」，用帶輪子的交通工具，比如馬車、騾車、驢車、駱駝車……等等。

這些帶輪的交通工具，相較之下，馬車等級最高，不過又區分成三駕馬車、五駕馬車。往日皇帝出巡，自然是大排場，都是「五輅」、「二輦」、「三輿」馬車的長車隊，前呼後擁，浩浩蕩蕩。而王孫貴族們出行，也至少是多駕馬車，相當威風。

普通人家，用的是騾車，也是當時京城主要的交通工具，有「京車」之稱，頗似上個世紀末，滿北京亂跑的「黃蟲」出租車，便宜又大眾。只是「黃蟲」全部同模同樣，騾車可是各個都不一樣，有高車輪的、有低車輪的、有緞面裝飾的、有粗布裝飾的、有帶大帳子的、有帶小帳子的，無一例外的是都有一種軸承轉動時摩擦發出來的清脆響聲，十分悅耳，完全蓋過了「黃蟲」出租車發出來的平調呆板單一音節的喇叭聲。

更往下一個等級是驢車，有私人驢車和公共驢車之分。私人驢車多用來送貨；公共驢車則用來拉送客人，後來甚至發展到成固定路線，有點像是今日的公車，在固定的地點上下車，接送乘客，相當方便。只是坐在前座比較舒服，坐後座比較顛簸，還有被摔出去的危險。我在農村坐過驢車，在泥土路上行走，不一會兒就把屁股撞得生疼。

駱駝當時也被容許在老北京城裡緩慢悠閒地走動，不過只拉貨不拉人，這樣比較安全。我在埃及旅行時騎過駱駝，上下很不方便，牽駱駝的小販常常藉著遊客坐上駱駝之際，要求不菲的小費。給不給？不然就別想下來。

後來又漸漸有了人力車，也叫黃包車。既然是「人」力的，就不是牲口賣苦力而是

驢車

三輪車伕

人。看過《駱駝祥子》電影的人，應該都對它不陌生。兩個輪圈的車座上坐著客人，光著膀子的車伕用兩個胳膊拉著車，在前面一路小跑，無論春夏秋冬。這樣辛苦的差事，很多都是從郊區逃荒到城市的農民，別無選擇地做了這種除了力氣，什麼都不需要的工作。所以當城市在一九二四年蓋起有軌電車的時候，上千的人力車伕曾經集體抗議，不惜性命臥軌反對，試圖阻止電車將他們最後一點賺錢的機會搶了去。

人力車後來發展成三輪車，用腳踩，比較省力，又稍稍有趣些。接著，有軌電車、無軌電車、公車、計程車、小汽車，城市的馬路上慢慢地改變著模樣。

如今，沉寂五十年之久的三輪車，又在北京露面了，而且是以又時尚又懷舊的模樣。黑色亮漆粉刷的三輪車身，紅色的遮陽頂棚，叮噹作響的悅耳鈴鐺聲，穿著橘黃色馬甲青色圓口布鞋的三輪車伕，成群結隊地出沒在什剎海、鼓樓、南鑼鼓巷的胡同裡，專門向老外兜攬生意，起名「老北京胡同遊」。

不僅是三輪車摩登重現，連中國人最熟悉的驕子也在銷聲匿跡半個世紀之後，又重回人們日常生活中。我說的是花轎，不是過去那種當官們坐的八人大轎，也不是小鎮上的人坐的那種青布小轎，而是婚禮用的喜轎。

這喜轎，過去的風俗是男人娶老婆必須雇人用轎子將新娘從娘家抬到婆家，且一路伴有吹吹打打的樂隊，好像是向天下人宣布，本人今日結婚了。據說這種大張旗鼓的方式，確實包含了廣告的作用；廣而告之。

有好事之徒考證，娶親坐轎子始於唐代以後，而且還是由朝廷明文規定，要求士大夫結婚，必須啟用花轎，沿街奏樂，以示明媒正娶，發展到後來便成為民間習俗。也正因為如此，新娘子坐花轎便有了堂堂正正的意味，因此，凡納妾收房、寡婦再嫁，都不能用花轎。

時隔五十年之後，這個風俗又再度風行。從報紙上可經常看到結婚的新人騎馬坐轎子的報導，特別是老外娶中國女孩子，只見新郎一身唐裝戴紅花騎高馬，新娘則蒙蓋頭坐花轎，似乎覺得別有情趣。行在街上，比開卡迪拉克車還引人注目。看來流傳甚廣的「三〇年代娶親坐轎子，四〇年代娶親騎大馬，七〇年代娶親騎腳踏車，九〇年代娶親坐汽車」說法，得要重新好好修訂才是。

說到汽車，中國最早的一輛汽車，是在北京露面的。一九〇一年，位居直隸總督的袁世凱，為了討好慈禧皇太后，專門從國外進口一輛汽車。慈禧見到它時，本來是滿喜歡的，不料第一次出遊坐上去以後，發現司機竟然在自己的前面，而且是坐在自己前面，不禁勃然大怒。因為按照當時中國的規矩，任何人見到皇太后都必須跪下，所以，當即責令司機必須跪下開車。豈知汽車在設計的時候，並沒有考慮到中國皇室的習俗，油門和剎車都只能用腳操作。跪著開車，如何用腳，只好換成手。這樣一來，雙手又要掌握方向盤，又要按油門按剎車，自然險象環生。慈禧驚嚇之餘，忙喚停車，改乘轎子，才得以繼續趕路。從那次以後，這部花費國庫一萬兩白銀的小汽車就這樣被閒置了。

第一部在中國亮相的汽車，就這樣並沒有得到預期的熱烈反應，乃至直到三十年後，才在中國漸漸有了市場。

相比之下，腳踏車的命運要好得多。中國第一輛腳踏車是在清朝同治年間從歐洲引進，頗得國人的好感，特別是末代皇帝溥儀，為了能在紫禁城裡騎腳踏車，不惜叫人把皇宮內的高門檻也鋸掉了。

於是，在皇帝的帶動之下，全城的男女老少就都漸漸地騎起腳踏車來。我爸爸是極其另類的極少數不會騎車的北京人，常常被人揶揄當成笑話。

時至今日，特別是在眾多中外專家們一致評價腳踏車是「地球上最進步的車種」的情景下，照我看，北京這麼多人、這麼多街巷，騎腳踏車出遊是最明智的舉動。原因就在於：第一、不會塞車。第二、不污染空氣。第三、不消耗能源。第四、有益於身體健康。第五、可以和全世界一起投身環保運動，一起愛護我們的地球。

老式婚轎

洞房花燭夜

被後現代藝術寵壞了的 798 工廠

Factory 798 : Dazzling Post-Modern Art

我真應該在老公和女兒回荷蘭之前，建議全家到大山子的798工廠轉轉。

這是我一進那裡的大門，立即情不自禁地閃現出來的念頭。他們一定會喜歡這兒。可惜太晚了，明年吧。

798可不是一般的工廠，我是說，至少現在不是，它是用一九五〇年代東德設計並且建造的老廠房改頭換面而成的新式時尚藝術區，有點兒類似紐約的 SOHO 和 LOFT，同時因為遠離市區，選擇的是當年蘇聯的援助工業項目，798藝術工廠便有了更深一層的意味。

沒錯，聽聽它的名字，798，連一個字詞也沒有，只用了代號，已經揭示出其祕而不宣的神祕的色彩。

我和我兒子中午以後才找到那裡，覺得它在旅遊書裡是個頗有名氣的地方，附近的人肯定都會知道。豈料下車以後，接連向好幾個路人打聽，都一問三不知，不知道是我們的運氣不好，碰上的恰巧都是旅遊的人，還是北京的郊區如今幾乎都讓外地人給占據了，沒有多少真正的老北京居民了，反正費了不少波折，最後總算找到了它的大門。

一個簡單地寫著「酒仙橋4號」牌子的普通大門。

進了大門，一條縱深的馬路筆直地伸向盡頭，兩旁都是包浩斯Bauhaus風格的老廠房，鋼筋混凝土的、粗獷、敦實、老舊卻不失風度。我猜想，當年這座雖然沒有名字，但是在國防部長辦公桌的檔裡屢屢被列印上「機密」字眼出現的代號798的工廠，能夠出入的肯定是反覆審查了三代的「政治正確」的工人。

據說，中國的第一顆原子彈的某些重要電子零件，當年就是來自這裡。

這類廢棄不用的工廠，在北京大概絕不只一個，應該有幾十個甚至上百個，而在世界上，恐怕會有成千上萬個。當城市隨著時代向前邁進，以新的輕鋼和新的玻璃帷幕搭建而成的超高建築，充斥街頭空間時，原先的笨拙的灰色老式房子，特別是倉庫、廠房便顯得毫無美感，越來越遠離人們的目光和記憶了。

直到五十年前，有一批住在紐約的不怎麼得志的雅痞藝術家，別出心裁地廉價購買一些廢棄的工業廠房，重新分割空間，打造成既是住宅又是工作室，同時還可以做展覽會場、辦酒會、開派對、舉行畫展、收藏藝術品和毒品，開創出了一種顯示個性自由的別出心裁的生活方式。

很快地，各個大城市——芝加哥、巴黎、米蘭、巴塞隆納——的雅痞紛紛效仿，並將這股反潮流審美的新時尚迅速傳播到世界各地。

大概正是由於這些時尚代言人的以身作則和推波助瀾，以及緊隨其後的，各種世界知名品牌旗艦店，將最頂級的產品滿不在乎地掛在粗糙的舊式廠房和倉庫的展示室裡，使這種SOHO和LOFT的生活方式，很快被年輕的藝術家和潮流人士所追隨。

➲上哪兒去找這樣的展廳
➲798工廠位置圖

798藝術工廠，就是如此應運而生的。它使我連想到雪梨的英王十字街，其附近原來也不過是一個普通住宅區，由於引進LOFT，如今儼然成為整個雪梨最前衛、最耀眼、最令年輕人趨之若鶩的地帶。我先生的一位朋友當年就是在那裡，將一個舊倉庫改造成一棟妙不可言的住宅。那房子經過他和他女友的重新設計和裝修，確實令我們為之震撼。高挑敞開的空間，上下雙層隨意分割的複式結構、粗糙的柱壁與精美的家具形成的奇妙的反差和調和、裸露的水泥牆面和高貴的亞麻窗簾的反差和襯托，真的非常獨特。

有很長一段時間，我先生非常嚮往，說我們是不是應該考慮賣掉已經住了五年的維多利亞式的傳統住宅，也找一間老倉庫、或者一間老磨房，改造成LOFT那樣的住家。

我當然也很欣賞那種標新立異崇尚自我的風格，不過因為我是女的，我是說，因為我是媽媽，自然比我先生更加注重細節。我提醒他，我們還有兩個尚年幼的孩子，我可不希望他們某一天從開放的水泥樓梯上摔下來成為白癡；或者常常利用上下兩層無遮攔的空間投擲籃球，打碎我精心選購的吊燈，還是等他們長大一些再LOFT吧。

我先生同意了，不過朋友家裡那無與倫比的個性化的生活空間情趣，深深烙印在

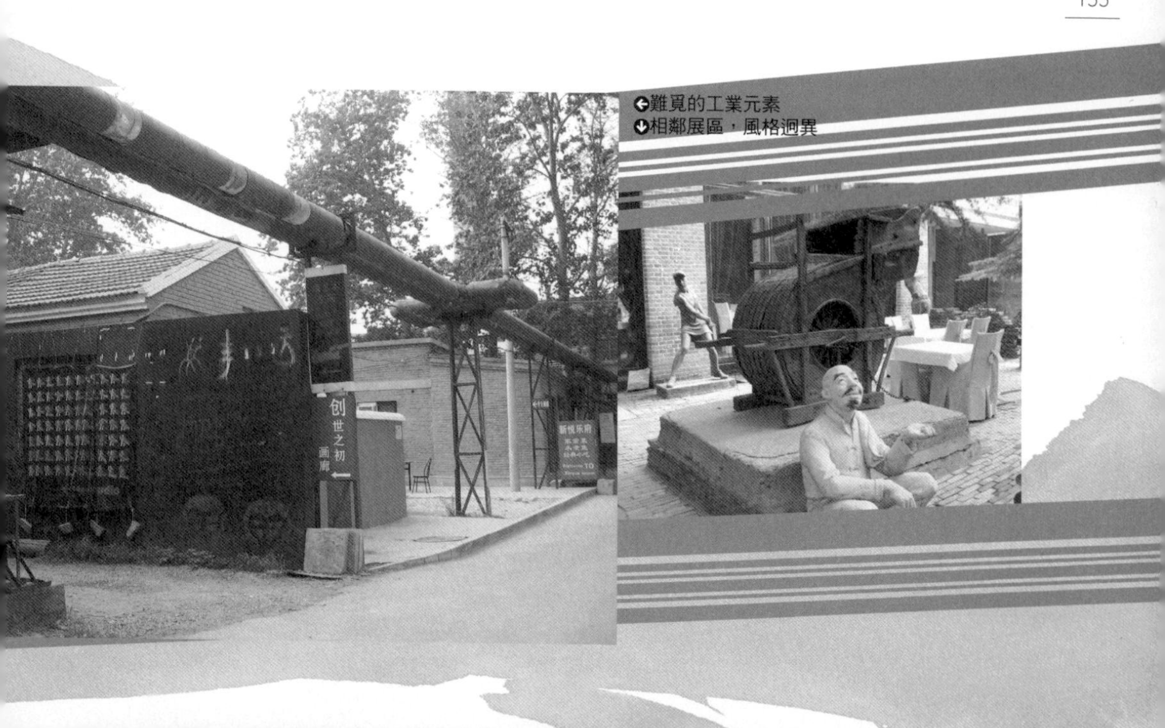

←難覓的工業元素
↓相鄰展區，風格迥異

我們腦海裡。我知道有朝一日，等機會成熟時，我們一定會營造一棟屬於「我們的」LOFT住所。

這是後話。

再說我和兒子。他那天破天荒地同意與我一起來798工廠，搞不好是事先就有了預感，知道那裡的「藝術」不是尋常意義上的藝術。因為通常他是不大喜歡逛這一類地方的，果然，一進大門，我們首先就被一種難以形容的氣氛所感染了。

至今為止我仍舊說不清楚那氣氛，總之是一種既不協調又協調的奇怪的東西。

我們先走近一塊大型的廠區示意圖前，上面密密麻麻詳細標出每個藝術室的名字，單是品味那些饒有興致的名字，就已經覺得很有意思了。

然後，向左手拐的第一個通道口，迎面看到的便是一尊巨大的八路軍戰士雕像。我兒子一看開心得不得了，知道這個下午一定不會無聊。

他立即站在那裡，讓我給他拍了第一張照片，而通常他對站在照相機面前，相當反感，顯然798藝術文化村裡的另類藝術，使他覺得有趣並且容易接近。

接下來，按照導遊的指示，我們一個藝術室一個藝術室地參觀，所到之處，隨時會有驚喜。再接下來，乾脆就開始閒逛了，因為到處都有可看的，無論是藝術室、畫廊、

↑八路軍和新四軍雕像

→四個和尚笑嘻嘻

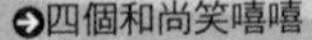

紅領巾少先隊

展覽廳、攝影暗房、書店、小店舖、咖啡座、餐廳……舉目可見，無需遵照什麼路線。何況當初工廠廢棄，被藝術家們偶然發現並且租下來改造成為工作室時，沒有誰想到會發展成為今天的規模，都是看好一塊地方，就開闢成一處場所。相當隨意。所以何必拘泥。

參觀也不需要費用。幾乎所有的展廳藝術室都是大門敞開的，外面的人抬腳走進去，裡面的人自顧自地忙著手裡的事情，雙方打個招呼，各管各的事。若是看中某一樣作品，問個價錢，說不定就成交了。

當然，餐廳和咖啡廳不能免費，但是與外面的咖啡廳和餐廳不同，798的餐飲因為是開在798裡面，自然講究美味的同時也講究視覺，所以我們看到了裝飾唯美的華麗餐廳和擺滿生動造型的咖啡館。

我最先看中的是一排神態各異的陶瓷紅領巾隊員，其中一個紮著小歪辮的看上去像極了當年的我，可惜卻無法買回去。我們此次回荷蘭並不是搭直達飛機，還要在德國慕尼黑轉機。我手上已經有了幾件需要保護的易碎品，如何再加上一個陶瓷人？只好忍痛割愛。我曾經有過一次在伊斯坦堡買了漂亮的大瓷盤卻在飛機上將它不小心打碎的經歷，因此不想重蹈覆轍。

在另一間畫室，我看中一幅大面積的很有個性的類似塗鴉的油畫，也是不知道怎麼帶回去，與兒子討論了半天，還是不了了之。

這期間，我們轉到一個極大的房子裡，大概是過去的車間，足足有籃球場那麼大，兩層樓那麼高，全開放式的，從屋頂照射過來的光線，經過大扇的玻璃窗傾瀉而下，明亮通透。斑駁的牆上還清楚地保留著「毛主席萬歲」，「戰無不勝的毛澤東思想萬歲」等大字標語，幾個裝修工人正忙碌著，大概在準備下一期的展覽。車間的盡頭有上下兩層的樓梯，上面一層掛著幾幅以不同的角度和不同的背景拍攝而成、放大的藝術照片，內容是一個面容姣好的裸體女人和幾個衣冠楚楚正襟危坐的男人，情境頗耐人尋味。牆壁上同時還張貼著幾頁手寫的告白，以第一人稱「我」敘述，顯然是照片上的那個女人，講述做「小姐」的經歷，非常坦白，非常寫實。似乎是攝影照片的一部分。或者不是。

這都沒有關系。

798藝術工廠的特點就是，裡面的「景」「物」可以由自己任意解釋，你就是將一隻正在吃東西的豬解釋為一隻正在睡覺的羊，也沒有關係。誰也不會強加於誰。顯然比牆上殘留的文革時期的標語要更尊重個人意識。

我們後來又去了，諸如：「空白空間」畫廊，真的非常開闊和空洞，大面積的展廳，只掛了不多的畫，頗有國外藝術廳「空城計」的作風；「百年印象」攝影畫廊，從上到下兩層樓高的通體黃色牆壁塗料，黑白的照片和黑色的樓梯和黑色的框架，很是養

⬆頗具創意的廁所
⬅塗鴉

眼；「黑色地殼」裝飾設計，非常另類，也非常現代，有大紅的江南櫃子，線條簡潔的吧檯座椅，神情慵懶的遊客；「另闢蹊徑」畫廊、「季節」畫廊、「3+3空間」工作室、「原色生活百年印象」攝影畫廊、「水泥地空間」工作室、「二萬五千里長征」文化傳播中心、「北京領袖服裝服飾」工作室……等等。

光是這些耐人尋味的名字，就可以想像其主人的創意。而事實也確是如此，別出心裁的設計配上刻意保留的原有工廠裡的工業元素，粗壯的煙囪、骯髒的排氣管、粗糙的水泥梁柱、斑駁的通風口、隱約的電纜溝、笨重的老車床、生鏽的閥門，甚至積累了大概五十多年的灰塵，都被藝術家們巧妙直接利用，成為展品中最具原始色彩、最具個性的一部分。

所以我兒子稱讚它們太「酷」了。

特別是路過的「洞房咖啡」咖啡廳，那樣子真像是一個陝北的老洞房，紅嫣的磚牆、布景，沒有窗戶的牆上隨意戳出星星點點的光線小洞和鋼筋水泥的天棚。據說它原本是工廠的烘烤泥坯的烘房，現在烘烤的是咖啡和披薩乳酪，飄飄然然地充溢著滿屋子的香氣，別有一番浪漫風情。

等到自以為參觀了大多數地方以後，不由得飢腸轆轆了。看看錶，幾乎六點。到哪兒吃晚飯？我和兒子討論起來。

依照一般邏輯推論，應該在798藝術村找一間餐廳，然而沿路我們還真的看見幾家

↑久違的文革語錄
→改革與開放

➲可愛創意，注意上面

➲別出心裁的café shop

➲兼具美食與養生的餐廳

布置得滿唯美藝術的餐廳。可是看似藝術和嚐得像藝術可是兩回事。我們猶豫半天，最後決定還是回城裡，找一間我們熟悉的餐廳。這個決定也許是出於偏見，但是把吃飯這事看得非同小可的我們，不想浪費了每一次品味中國美食的機會，因此還是慎重起見為好。

吃飯的時候，我們的話題當然是798。我對兒子提起，如此這般的新潮藝術，我們當年讀大學時也曾經歷過。那時候可比現在需要更多的勇氣，因為是一九八〇年代，文革剛結束不久，專制的陰影還沉重地壓抑著大多數中國人。很多人已經無法自在表達自我想法，仍舊戰戰兢兢、環顧左右地說每一句話。但畢竟十年浩劫已經過去，這時候有一群意識超前、膽大妄為的年輕人，忽然就覺得被壓抑得太久，有話想說。

兒子問，那是不是挺危險的呢？他學過中國當代歷史，對文革時那些聳人聽聞的故事知道得不比與他同齡的中國孩子們少。

我說，當時批評時政，風險還是挺高的。不過總是有一些「初生之犢不畏虎」的年輕人，想要為社會做點什麼。於是他們私下串連，先是出版地下刊物，公開貼到西單，就是號稱當年「民主牆」的地方。接下來又辦畫展，借助視覺藝術的語言，表達自己的想法。因為官方不給地方，就把畫掛在美術館牆外，引來很多圍觀者。

我還記得當年是叫「星星美展」，在七九年的秋天，一群二、三十歲的年輕人，非常前衛地將自己的繪畫和雕塑、一些影射意味濃厚的作品，公然地展覽出來。

我那時有一群交往密集的朋友，其中有人間接認識辦畫展的幾個發起人，所以被邀請前往捧場，不料只掛了兩天，就遭到了公安局的「封殺」，據說為了抗議，這群年輕人還跑到街上遊行。

我沒有參加遊行，因為那天正忙著談戀愛。事後聽到了消息，直後悔錯過了湊熱鬧的機會。後來傳出消息，抗議有了結果，畫展可以挪到在北海繼續展出，相當富有戲劇性，因為這表示官方終於願意妥協讓步。眾所周知，中國的官方可不是那麼容易妥協的，這大概是盤古開天闢地頭一回。

不到一年之後，星星美展又辦了第二次展覽，這次居然被容許在中國最正統的藝術展覽殿堂「中國美術館」舉行。在當時來說，是一件極其轟動的事，每天都有七、八千的人去參觀，最多的甚至達到了上萬人。

我已經記不得那是些什麼畫和雕塑了，但是當時的感受和興奮仍舊記憶深刻，因為我和我的同學，我那時正在大學讀二年級，幾乎每天放了學都去那裡，一遍又一遍地觀看和討論那些風格尖銳又大膽的作品。事實上，整個北京幾乎都被這二十幾個勇敢的年輕人攪得天翻地覆，對人性和人道的反思漸漸開始活躍起來。

我印象非常深刻的一些事是大學裡課間休息的時候，就會有一些平常看上去挺靦腆

➔流行色兵馬俑
➔要真理不要犧牲

挺安靜的同學，令人驚奇地提出社會上某些敏感話題使大家紛紛議論。更有從高年級跑到我們教室的學生，一本正經地站在講臺上自我介紹，宣稱要民主競選參加大學學生會會長選拔，甚至是區裡市里中央的各級委員會。我們望著面前這些年輕光滑，又因為激動而脹得通紅的面孔，不知道是應該保持沉默，還是報以熱烈的掌聲。這在當時真是令人興奮、不知所措的事情。

緊接著，朦朧詩迅速地在各個大學傳誦得如火如荼，特別是我們這些中文系的學生，更是摹仿著朦朧詩人的表達方式——雲山霧罩、琢磨不定、晦澀隱喻，故意違反常規，相互交談。即使是涉及極其日常的生活，嘴邊時不時溜出的，都是些諸如此類的從某些報刊摘錄的句子：「深夜給我黑色的眼睛，我卻用它尋找光明」、「卑鄙是卑鄙者的通行證，高尚是高尚者的墓誌銘」、「在沒有英雄的年代裡，我只想做一個人」、「你，一會看我，一會看雲，我覺得，你看我時很遠，看雲時很近」……

我又記起來的是，那時，我說到這兒時，戛然停止，我發現兒子開始以一種應付的方式——不住點頭稱是，可是眼神卻又飄忽不定——我明白了，我津津樂道喋喋不休的東西，兒子實在是不感興趣。那些異鄉異地的陳年往事，離他此時此刻的現實生活，實在是距離太遠了，難以引起共鳴。

朦朧詩，為什麼要「朦朧」？明明白白說出來不是更好？兒子問。

當然。如果人們可以毫無顧慮地說出心裡的話，當然不需要拐彎抹角地表達。我解釋。

我很明白。我們當年的經歷，那種為了信仰、為了理想、為了憂國憂民，可以拋棄一切的激情，今天的孩子們是難以理解的。按照他們的話來說，想那些不著邊際的事情幹什麼？生活快樂就行了。

不錯，孩子們說得沒有錯，及時行樂，萬壽無疆。可惜我卻做不到。

最後，附上後來翻看資料時，瞭解到的798藝術村的發展史。

二〇〇〇年前後， 占地三十萬平方公尺的798工廠因為體制改變，一部分廠房荒棄。當時正值中央美術學院從王府井搬遷到附近的望京花家地的新院址，暫時借用798的地盤。期間，有人為了製作大型雕塑，租了798閒置的車間。接下來，便有眼光獨到的藝術家，看上了它的廢棄的工業元素，正好可以利用作為現代藝術的背景陪襯。

最初，也就是在798工廠以六毛錢一平方公尺對外租賃時，僅僅有十幾家藝術家的工作室和畫廊，這樣「公道」的房租，自然吸引了更多畫家攝影家的遷入。到目前為止，798工廠已經擴充到三百五十多家工作室和畫廊，占地十萬平方公尺。儘管它的房租已經上漲至原有的十倍。

大批的藝術家遷居和工作在這裡，形成了在北京、甚至在中國，第一個以集體LOFT 生活方式為基調的藝術村落。

798不僅辦畫展而且還組織各種電影節、舞臺表演、時裝秀、建築展覽、視覺藝術展覽、酒會……等等。在國外的許多報導中，稱它是「中國先鋒藝術與世界藝術對話交流的平臺」、「中國最具影響力的藝術區」、「世界上最有文化指標性的二十二個城市藝術中心之一」。

↑永垂不朽的雷鋒叔叔

男人說，最怕跟女人去秀水逛街

Men : "The Worst Thing is Shopping in Xiushui With a Woman"

「最怕跟女人去秀水逛街，」這是我先生悄悄對我好友的丈夫說的，「一旦進去，就石沉大海了。」

我好友的丈夫當然是連連點頭，同時奇怪他的中文怎麼那麼道地，連四個字的成語都說得出來。殊不知那「石沉大海」是我老公拐彎抹角，以別的名義從我嘴裡套出來的詞語。他說以此形容某人進入某處之後，長時間再也看不見身影，甚至找都找不回來。簡直貼切極了。石頭沉入大海了嘛。

原來女人們在逛街時，都是一模一樣的投入和忘我，無論她是女博士還是女招待員，愛美之心人皆有之。

我逛「秀水」是從一九八〇年代初就開始了。那時候的北京，幾乎所有的商店都是國營的，也就是說，幾乎所有商店裡賣的東西都是從政府定點生產的工廠裡，進入定點的商店櫃檯的。如果是腳踏車，那麼國內僅有的主要的三種牌子——鳳凰、飛鴿、永久，毫無例外地占據在各大商店的賣場，就連價格都完全一致。如果是大衣櫃，那麼一種體積龐大、雙開門，一面有鏡子、一面有三合板的笨重立體櫃子，就會在北京大大小小的家具店，以一種千篇一律的面目佇立在牆邊。如果是衣服，文革期間與文革之後遍布各個城市鄉村街頭，以藍灰黑三種為主要色調的中山裝與幹部服，便是人們在任何購物櫃檯的唯一選擇。當然，會剪裁縫紉的人可以自己做衣服，但是也只是在領口和口袋這些小地方稍稍作點改動，其他地方根本不敢有任何別出心裁的設計。人人都記得文革期間，穿合身褲的人在街上被人圍攻謾罵，最後挨上一剪刀的情景。

所以，「秀水」個體服裝攤販市場的出現，便為當時一些具有前衛意識的人們提供另類的選擇。當然大多數是年輕人，只有年輕人不那麼在乎周圍的人在議論什麼，我行我素。我那時還很年輕並且還很前衛，所以就成了其中的一員。

我和我的朋友們，經常去的地方是——秀水、三裡屯、東四、動物園……等個體時裝小販聚集的地方。這些地名在那時不僅僅只指示了方位，而且代表了一種概念。

一九七〇年代末，文革後的政府提出改革開放，允許各種經濟產業不斷進入原來由國家壟斷的行業，於是個體戶就出現了。

大多數的個體戶，在當初是一些沒有工作的待業青年，也就是當時的社會邊緣人。為什麼這樣說呢？因為根據社會主義國家的基本原則，是「以公有制為主體，共同富裕」，讓人人能有工作、有飯吃。所以在以前，中國幾乎沒有所謂的「失業率」。當然，就社會整體而言，不可能所有的人都有工作，但是沒有工作的人，往往就顯示出一些問題。比如：勞改釋放犯、無業遊民、父輩們是黑五類的子女、殘疾人、沒有戶口的因而也是非法的回城知青……

這些人，就是當時社會上的邊緣人，沒有工作單位願意給他們工作機會，只能自謀生路，這是他們的唯一選擇。

於是，當時政府的一些新經濟政策，讓他們展開一線生機。

實際上，這些人都是極聰明、極敏銳、極大膽、極有潛力的人。只要給他們機會。

他們嗅出新的商機，乘火車南下，從深圳、廣州等最先開放的沿海地區往北京等內地，轉手買賣流行的商品。比如，從八〇年代初開始，陸續在京城流行的喇叭褲、蛤蟆鏡、牛仔裝、電子手錶、錄音帶、收錄音機……什麼容易賺錢就買賣什麼。

說到這些，我想到去年回北京探親的時候，我爸爸整理舊東西時，從壓在箱子底下翻出來的一條當年的喇叭褲。看到它，我止不住笑得前仰後合。那寬大的褲腳，幾乎可以裝下我的腰，後臀部位窄小得令人咋舌，不知道我當年是如何掙扎著把屁股塞進去的，而正前方的一段銅光閃閃的拉鏈開口，曾經被父母疑問究竟是男褲還是女褲……它一下子將我拉回了那已經非常遙遠的過去。那些遮蓋半張面孔的蛤蟆鏡，因為看了美國片《大西洋底來的人》而風靡京城。那些因為聽了鄧麗君的歌曲，而私下流傳的港台錄音帶，使很多人發了一筆橫財也為此坐牢，因為政府說那是靡靡之音，而靡靡之音就是黃色之音、資產階級之音……

但是在當年，這些在中國向世界打開大門之後，蜂擁而進的洋貨，讓所有的人們都吃驚地睜大了眼睛。一時間，北京一些熱鬧的場所、動物園公車終點站、東四隆福寺、三裡屯和秀水使館區附近，便成了小販們聚集擺攤的地方。

在這幾個攤點，我們最喜歡的是建國門的秀水。

建國門是什麼地方？它是有著眾多使館和很多著名地標的地方。

就說最早時期的友誼商店。在一九九三年以前，是專門為外國人提供商品的特殊商店，只容許外國人出入。也就是說凡是具有高鼻深眼的長相或者是皮膚黝黑的特徵的外國人，不必出示護照，只憑他們的面貌就可以大搖大擺地走進，而長得與中國人相像的亞洲人，比如日本人、韓國人、香港人、台灣人、新加坡人……就必須在進門時，讓警衛看一下護照，證明自己的身分才得以進入，要是某一天恰巧忘了帶，就很有可能不由分說地被擋在門外，所以日本人、韓國人常會憤怒咆哮，教商店的經理趕緊出來頻頻賠不是。經歷多次這樣的事情之後，友誼商店只好取消要檢查亞洲人面孔護照的規定。這麼一來，可苦了站在門口的警衛，他們不得不練就一雙火眼金睛，化身面相先生，對進門的亞洲面孔，在幾秒鍾的時間迅速判斷、確認來者是「亞洲外國人」，再趕忙點頭哈腰恭迎；若是沒有把握，只好要求對方出示護照。

這樣一來，就讓很多國內同胞有機可趁。他們喬裝打扮得像個洋鬼子，蒙混過關。不過，即使混了進去，多半也不見得能買到東西。因為在友誼商店消費，不能使用市面上流通的人民幣，只能使用當時政府專製給外國人使用的兌換券。這是一種奇怪而又特殊的錢，只能使用外幣在中國人民銀行兌換，在中國境內使用。我先生一九八八年在中國旅行時，花的就是這種錢，至今在他的床頭櫃裡，還保留了一些當年的餘錢，打算作為紀念品，當成「古董」傳給我們的孩子們，或者孩子們的孩子們。

友誼商店裡賣各種國外的食品——乳酪、黃油、風乾腸、鵝肝醬、曲奇餅、罐裝小酸黃瓜、紅酒……等等，以及中國的漂亮絲綢製品和工藝品。常常有大批住在附近的使館太太們在裡面大肆採購，那也是當時北京唯一的供應進口洋貨的地方。

我的一些朋友當時結交一些留學生，常從他們手中換得兌換券，然後我們就裝成洋鬼子，氣定神閒、大搖大擺地從警衛面前走進友誼商店，買一些道地的黃油和新鮮烘烤的麵包，優雅地滿足口腹之慾。

我真懷念當時那些麵包的美味，現在住在歐洲，不論去哪個道地的歐洲國家吃哪種口味的道地麵包，再也體驗不到昔日吃友誼商店麵包時，嘴裡那種美妙的感覺。

除了友誼商店，繼續往東走，就是一連串的酒店。每一間酒店裡都有附設的專賣店，裡面擺放中國傳統的繡花衣服、工藝品和國外進口煙酒。

酒店們再過去，就是國貿商城大廈，號稱有六萬平方公尺的購物商店，其中包括四十家國際品牌旗艦店、一百多家服飾店、三十多家美食店，裡面豪華陳列好幾層名牌服裝、名牌手袋、名牌垃圾食品……等等。

我列舉這些商店的目的是為了說明，在建國門這一帶，不乏許多賣各式各樣五花八門東西的地方。可不知為什麼，坐落在窄窄巷子裡、原本很普通的、名叫秀水的小街，自從有一群個體小販在一九八〇年代開始，陸續販賣衣服以後，便立即吸引越來越多的外國人、中國人，每天摩肩接踵往裡擠，洶湧的人潮將整條街擠得水洩不通，教人難以置信。甚至當政府二〇〇四年改弦易轍，將小街個體戶集體遷往隔壁大樓，秀水街的生意仍然好得讓那些外國投資商願意砸百萬重金，建設巨型購物商場，怎能不教人妒嫉。

也因為這樣，各國編輯製作的旅遊書，將去秀水逛街購物與登長城、遊故宮、吃北京烤鴨並列為到北京的 must do 的必遊之地。

當然，我更鍾情以前在小巷子裡的秀水露天市場。

在五百公尺長的巷子裡，大約有上百個攤位，一個緊挨著一個陳列。最早的時候，小販除了賣深圳廣州的洋貨之外，還有「出口轉內銷」的東西，也就是一些出口產品，不知道什麼原因，回流到國內市場銷售。也許是品質略有瑕疵、也許是生產過量了，總之都是一些相當精緻的東西。比如純絲鏤空的繡花睡衣、花緞的古典中國鞋子、素綢的夏季旗袍、亞麻的寬鬆長衫長褲……這些美麗的東西，在當時國營的各大商場是絕對看不到的，可是我後來聽說，這些東西正是個體小販跑到各個服裝廠，從倉庫積壓的貨品裡淘選出來的，多半是外商在中國訂貨交單後，剩下多餘的商品。

於是越來越多的人，特別是附近使館區的外國人，發現秀水街比賽特、友誼商店、各個酒店專賣部、國貿商城，不但價錢便宜，商品種類也更琳琅滿目，而且還可以討價還價。

不錯，正是因為在秀水市場可以討價還價，那其中的樂趣，有時侯勝過買東西本身。我的老公和孩子們對這一點更是非常贊同，他們比我這個中國人更精於此道。

記得第一次帶全家回國，我帶他們去逛秀水街，當時我看中一件細絨的羊毛衫，剛表示出愛不釋手的樣子，看攤的小姑娘立即報價。

八百塊。她一臉真誠地看著我說，因為你是中國人，我就實價實說，不給你開高價。邊說還邊瞟了我老公一眼。

我衝她一笑，四百塊。這是朋友告訴我的殺價原則——定價的一半。

那小姑娘馬上作出一副吃驚的樣子，你不是在開玩笑吧？這價錢我連進貨都不可能。你看看這樣的羊毛衫，在國外，八百塊錢起碼要加一倍價錢才能買到。

她說的是實情。我真的很喜歡那羊毛衫，就說，那四百五十塊。

小姑娘仍舊很委屈地說，實在不能賣的，太便宜了，再加點錢吧。我是看在你是老主顧的分上，給你最好的價錢。上個星期你不是才來向我買過。

上個星期？我說，你認錯人了吧。上個星期我還在澳洲呢（我們那時住在雪梨）。我們昨天才到北京。這樣吧，我給你五百塊，一分錢也不加了。

小姑娘看著我堅定的臉色，歎了口氣，好吧，五百塊。一邊動作敏捷地為我包起羊絨衫，一邊愉快地說，謝謝，下次再來啊。

我先生站在旁邊始終沒有說話，於是我炫耀地對他說，怎麼樣，我殺價殺得不錯吧。

他說，還可以，不過比起我來，還差一點。

我說，你口氣也太大了。我當年在北京逛秀水的時候，你大概連中國的國門在哪都還不知道。

他說，「你是北京人，逛這裡比我早，倒是不假，不過並不能證明你殺價的技術就一定比我好。別忘了一九八八年時，我在北京住了一個多月呢。當時我經常逛秀水，最早學會的一句中文是『我考慮考慮』。這一招在這兒很靈。不信？我讓你見識見識，我們再買一件羊毛衫，同樣貨色，連顏色都一樣，我保證能買到比你的還要便宜。」

我不信，「如果你認為我剛才買貴了，你怎麼站在旁邊不說話。再說了，我們幹嘛再買一件羊毛衫。」

他一臉無奈，「我剛剛怎麼說話？你一還價就已經喊四百，我怎麼再把價錢喊低？我們再買一件，我可以送我妹妹。」

我雙手一攤，「好吧，就讓我看看你殺價的能耐到底有多高。」

接著我們走到前方不遠的地方，賣同樣東西的小販面前，同樣也是位小姑娘。這次回國發現，秀水賣東西的攤主，幾乎有一半已經不是當年那些北京本地的中年人，而是換成一些南方口音的小姑娘。大概是不少當初的攤主輕易發了財，變得養尊處優，於是找來南方的打工妹替自己看攤。

那看攤的小姑娘看我們走近，馬上熱情地招呼，我先生卻表現得意興闌珊，假裝隨便看看，隨即漫不經心地說，這羊毛衫多少錢？

小姑娘說，「一千二百塊。」

我先生驚奇地揚起眉毛，「太貴了！那邊的攤販才賣六百塊。」

小姑娘馬上噘起嘴，「不可能，一定不是同樣的東西。」

「我看不出有什麼不同。」他說罷拉起我的手，轉身就要走。

小姑娘立即上前一步，「先生，你說多少錢？六百塊太便宜了。」

「我們並不真的需要，除非價錢便宜。」他語氣堅定地說，「我只願意出二百五十塊。」

我心裡暗暗為他感到不好意思。這價錢與小姑娘的定價相差太遠了！

果然，那小姑娘立即表現出受到天大不公平待遇的樣子，生氣地說，「你這價錢也太離譜了。不賣！」

我先生聳聳肩，不發一語地又轉身走。還沒走幾步，就聽到那小姑娘在我們身後高聲大喊，「五百塊？四百塊？三百塊？討厭，好吧，二百五十塊賣給你。回來啊！」

我先生與我相視一笑，「怎麼樣？我買得比你的便宜吧。」

小姑娘假裝氣呼呼地把羊毛衫遞到我們手裡，莞爾一笑，「你這個老外，比中國人還會殺價！有空再過來吧。」

就這樣，以後再買東西，我乾脆都讓我老公殺價好了。他真的比我這個老北京人還要厲害，而且還把它當成一件挺好玩的事，說是買東西過程中最有趣的部分。part of the fun。

這倒也是真的。看看政府公營的商店和大型商場，一切照定價走，一板一眼，一手交錢一手交貨，連點商量的空間都沒有。哪像在秀水這樣的自由市場裡，買賣雙方，你說一句我說一句，虛張聲勢，互探虛實，彼此調侃，有來有往，透過殺價，中國人有機會練習外語能力，外國人也從中學會如何說中文，直到成交，雙方都顯得不亦樂乎。

所以聽說，秀水管理部門專門規定秀水不可以清楚標示定價，為的是保留特色，不剝奪人們在互相「探索」價格時的樂趣，而且還是世界各國語言混雜一起討價還價的樂趣。

千萬別去潘家園

Don't Go To Panjiayuan

潘家園有個舊貨市場。不過那裡的舊貨，照我的看法，不該稱其為舊貨而是叫「老東西」比較合適，而且也不能稱為「古董古玩」，因為最近看到一篇文章提到，不是所有屬於過去年代的東西，都可以被說成古董古玩，只有具有藝術價值的才算。

我想了想，似乎挺有道理。普通人家的花瓷碗，即使是太爺爺輩用過的，充其量只能說是祖上留下的老東西，真拿到拍賣行去估價，恐怕也只能賣個幾百塊錢，與官窯的龍泉窯瓷器，絕不可相提並論。

以此定義潘家園的舊貨，大多數是有一、二百年歷史的老東西，偶爾也許能挑撿到正宗元代景德鎮釉出產的彩高足杯，一切全憑運氣。

所以，總有喜歡做白日夢的人，經常去那裡逛逛，希望花五塊錢買得價值連城的寶貝。也有更多的人，沒事的時候過去轉轉，可能看上一只瑪瑙手鐲、或是一幅臨摹的陳逸飛的潯陽遺址圖，彼此討價還價，一旦價格合適就買下，沒花多少錢，卻無比開心。而如今的潘家園不是也有了很多現代珠寶玉器、民族服飾、文革遺物？

可是十六年前，卻不是這樣的。我知道，是因為我爸爸家就在它附近。他告訴我很多潘家園過去的事。

一九九二年的時候，也就是政府號召「改革開放，搞活經濟」的時候，潘家園的舊貨買賣就悄悄在民間如火如荼的展開了。在當時對搞活經濟，按照中央政策的解釋，是容許發展個體經營，稱它是社會主義集體經濟和國營經濟的必要補充。而按照老百姓最通俗的理解，就是現在我可以合法在街頭擺個小攤賣東西。

就這樣，我爸爸家樓下、勁松中街最南面的坡地經常人來人往的地方，開始有當地居民擺地攤賣東西。通常都是賣家裡淘汰不用的瓷器、小鐘錶、小擺設、小家具……等等。緊接著是郊區的農民也加入，數量從十幾個人、到幾十個人、到幾百個人。從最初的家居舊貨發展到文物古玩，幾乎什麼都賣。

那陣子人們叫它「鬼市」，因為清晨天未破曉，就有人開始擺攤。

人們開始發現轉手買賣「老東西」賺錢賺得更快，有人專門從河北山西附近的農村收購流散在民間的一些老瓷器、老字畫等，再運送到城裡轉手賣錢。文革剛結束，人們對私下買賣總還是心有餘悸，所以到手的東西都希望能盡快甩掉，因此會賣得相當便宜。也因為這樣，如果想收購到好東西就必須提早趕到，哪怕天還沒亮，點著手電筒也要進行交易。從遠處看賣場，星星點點，好像鬼影一樣忽明忽暗，因此被叫作「鬼市」。

聽老人家提起，這「鬼市」的叫法，還真有歷史背景。

清朝末年，富賈一方的滿族八旗子弟因為吃喝嫖賭而家道中落至山窮水盡的地步，不得不變賣家裡僅存的古玩換錢餬口，因為不是什麼光彩的事情，所以只好選擇在天亮之前，悄悄拿到集市脫手，藉著天晚、夜色漆黑可避免被別人認出，因此「鬼市」這個名字就這樣被後人慢慢地喊出了名號。

其實即使到了現在，要想挑揀到中意的東西，也得提早去潘家園。五、六點鐘的清晨，趕在眾人出現之前，提早看貨。即使這樣，還有人起得更早，搞不好四點鐘就到了，在人頭鑽動的大棚裡，拿著小手電筒和大布口袋，四處逛遊，看到稀罕東西，馬上蹲下來討價還價，提前買走。

到了八點真正開市的時候，這些人早就捷足先登挑走好貨，陸陸續續到市集的一般平民百姓當然能找到好東西的機會就變少了許多。所以人盡皆知，要想在潘家園「撞大運」就得起大早趕早集。像我們那樣，週末十點多鐘才起床，慢條斯理吃完早飯後到潘家園時，已經快中午十二點了。套用北京老話，「黃花菜都涼了」。

不過，我們去潘家園並不是為了尋寶。事實上不是我們不想尋「寶」，而是實在沒那本事，不懂怎麼識「寶」。舉例來說，站在賣和闐玉的攤販面前，假裝識貨行家仔細端詳擺在地上的幾塊石頭，卻讓小販一雙火眼金睛一掃，頓時無所遁形，馬上就看出我們不過是假充「大鉚釘」的冤大頭，立即花言巧語，輕而易舉地從我們口袋騙走了幾百塊錢，而我們還沾沾自喜，以為真買到什麼珍貴寶石，以後搞不好會升值成幾千元錢，殊不知那石頭也就值那麼幾塊錢而已，所以我們上過幾次當之後，就再也不敢染指了。

後來我們就放寬心，乾脆以平常心態，有空就過去逛逛，感受一下北京市集的熱鬧氣氛，順便買點新奇的不貴的小玩藝兒就好。其實不僅是我們，就連當地居住的人們，也沒事就過來逛逛，當成週末固定的消遣，很難想像，假如沒有潘家園這個市場，附近的住戶如何度過漫長的週末？恐怕就少了許多樂趣。

潘家園現在與從前相較，可稱得上「不可同日而語」。一九九五年以後，當地政府集資上百萬在現在的位址，蓋起大棚，將零散在街頭的小攤販集遷群聚，作集中管理。以後又陸續建了店鋪甚至影壁，據說每日客流量高達六、七萬人。

我相信這是真的。因為每次回北京，週末去逛潘家園市場時，除了要有充分的心理準備，連穿著打扮都得費心仔細思考。

比如，一定要穿舊的平底鞋，舒服、柔軟，可以持續走上好幾個小時都不會覺得累，而且就算不小心被人反覆踩上好幾腳，也不至於心疼。其次是得準備一只雙肩背的大背包；在潘家園外面時往後背，在潘家園裡面時往前背，既可以把錢包穩當地藏在背包深層拉鏈袋裡，以防小偷光顧，又可以在買了東西後，有足夠的地方裝東西，又能騰出雙手自由翻看攤上的商品。當然，夏天的時候，清涼舒爽的穿著和瓶裝礦泉水則是必備的。在四萬八千五百公尺的大棚裡與其他上千個遊客摩肩接踵，其悶熱的程度，可想而知。除此之外，前一天晚上還需要足夠的睡眠，到了潘家園以後，頻繁而又熱烈的討

←只要看中意，可千萬別猶疑
↓貨品種類繁多，任君挑選

價還價是當日的一項必不可少的活動，其中牽涉到智力、精力、口才、反應……等等的綜合運用，絕不亞於任何一場智能競賽。

然後，再做好充分的心理準備，因為即將面對的將會是人山人海的大陣仗！這一點在還沒有到達潘家園，從離它方圓五百公尺遠的距離，就已經感受得到了。

首先是馬路上的車輛——計程車、腳踏車、平板車、三輪車、公車……開始越來越密集地糾纏在一起，漸漸的情況越演越烈，直到抵達潘家園的正門口，所有的交通工具，加上從四面八方匯集而來的行人，白熱化地集結成一個巨大的團塊，將整條馬路堵塞得水洩不通。

不可否認，這種說法有點過分使用了文學誇飾的手法，如果真的是水洩不通，那麼就陷入了誰也動彈不了的地步，所以真實的情況是離水洩不通還有丁點距離。那一丁點距離又剛剛好容許所有的人，在一種不可思議的境況中，機智巧妙地錯開彼此，交叉而過，甚至在交叉而過的那一瞬間，還因為互相不小心的觸碰而生氣嗔罵，卻也絕不會因此耽擱誤事的地步，彼此迅速交手、迅速退讓，再各自奔向四面八方。

如果你有幸迂迴穿過人群，順利抵達潘家園正門口，便足以說明你隨機應變的能力相當高明，值得停下來喝幾口水，犒賞自己一番，順便打量一下整個市場的形勢，以便下一步的行動。

在我的記憶裡，潘家園的正門原先只是個簡單搭起來的大門，其貌不揚，如今卻可以用「鳥槍換砲」作為今昔相比的貼切用語。兩個高大的磚砌柱子高聳穩固地矗立在大

⬆真假難辨
⬅各式古物，琳瑯滿目

門口，門頂雕塑著古典的飛簷走獸，迎面而來的是一個將近五公尺長的灰磚影壁，其上飛舞著「潘家園舊貨市場」七個晶亮的書法大字，頗有氣勢。

據說「舊貨市場」這四個字，在當初定義市場性質時，頗令地區長官費了一番心思。按理說，那時潘家園所買賣的物品，絕大多數是有些歷史的老東西，近似古玩、古董之類的文物。可是那個時候中國的文物市場還沒有完全開放，按照政府的規定，古董、古玩就是文物，而所有的文物都是屬於國家的，私人無權買賣，為了刻意迴避「文物」、「古董」這類字眼，最後決定使用比較不那麼容易招惹是非的「舊貨」二字。

可是我國外的朋友提到北京潘家園舊貨市場這個名稱時都很納悶，一個 flea market 為什麼會吸引這麼多人前仆後繼去逛？我多半會加以補充說明，對潘家園的特別之處好好解釋一番。

然而如今的潘家園又與十幾年前有很大的不同，不僅規模變得更大，買賣的東西也比以前更豐富，同時還保留原有的地攤特色。知道嗎？不少人就是衝著這個特色前來溜達，不然的話，何以解釋緊鄰它的古玩城，坐落氣派的高樓，冬天有暖氣，夏天有空調冷氣，比潘家園的露天環境要舒服得多，人氣為什麼沒有潘家園那麼旺盛呢？想必地攤生意自有地攤生意的優勢。

比如，一進潘家園的大門，放眼望去，四萬多平方公尺的廣場，教三、四千個地攤悉數占滿，另有四百多個古香古色的店鋪環繞四周。來自全國二十多個省市的各種地方貨物，斑斕繽紛、五花八門、洋洋灑灑，讓人即刻便有一種置身於龐大的漩渦的感覺，所以與其說是市場，不如說是一個熱鬧而又巨大的博物館更貼切些。最近甚至從朋友口中得知，許多台灣商人、外國商人也開始「進駐」潘家園，租屋開店，買賣交趾陶和歐洲的洋古董，真是互通有無，國際聯營。

我兒子每次一進潘家園，第一個目標便是正對大門的一個二樓商店，好像專賣古典家具，只是我兒子關心的是樓上最南邊的外文舊書店，那裡的藏書令他著迷，常常是一待就是好幾個小時。掌櫃的老闆是個和善的中年人，會講一些英文，很熱心地幫我兒子選書，特別是大學裡的外文原文書，有些甚至在荷蘭都很難買到。我則乘機去逛中文書攤，就在二樓樓下的對面，長長的一串兩邊排開，有各式各樣的舊書舊雜誌、老照片老書信老地契老郵票、老文革時期的宣傳畫、文革之前的小人書（編注1）……應有盡有。聽說有人將過去收藏的舊小人書拿出來兜售，因此發了大財，這讓聽眾唏噓不已。小人書過去一本只賣一角、兩角，現在能賣上百上千元，簡直是不可思議。

據說這是真的，在前年舉行的連環畫交易會上，絕版的《紅樓夢》單行本小人書，賣到了一萬元一本，堪稱天價。

我在舊書攤，多數時間只是來回閒逛，看看賣書、買書的人，偶爾也會蹲下來翻翻書堆，如果碰巧看到自己尋找很久的書，也會即刻買下，全然忘記自己搭機回荷蘭時，行李可能超重的問題。

如果是全家一起逛潘家園，我老公和我女兒一定會去賣畫的那兩排畫攤晃晃，並且肯定會順手買幾幅畫，因此如今在我家裡，各種油畫版畫水彩畫充斥每個房間，數量之多，都能舉辦一場畫展了。但是我老公和女兒，每每看到好畫還是會上前問價，一旦開始討論便欲罷不能，最後當然又是以掏錢買畫宣告結束。那些畫多數是美術學院學生的作品，有的幼稚有的成熟，但大都有一些正規訓練的功底，也有業餘畫家的畫，因此良莠不齊。據說王府井畫店、琉璃廠畫店、各大酒店販賣部的畫，很多都採購自潘家園，一旦換了銷售門面，價錢便成倍往上漲。

畫攤旁邊是玉石攤位，占據好幾排，各種玉石、緬甸玉掛件、壽山石刻章、岫玉手鐲、瑪瑙串珠……令人眼花撩亂。不過我一向對玉石不感興趣，再珍貴的玉石也無法牽動我的情緒，也許是沒有緣分。

玉石攤販再過去，是賣珍珠的攤子。圓潤飽滿的珍珠，各種顏色、各種形狀、各種品質，一串串昂貴地垂掛在架子上，非常誘人。我知道自己對珍珠毫無抵抗力，所以常常繞開這幾條通道，直接走到賣銀器的地方。

銀器攤位幾乎都被苗族的女人壟斷。她們從貴州、廣西等地的山寨運來大批的銀器和繡片，這兩樣都是我最喜歡的東西，尤其是銀器，小到銀戒指大到銀頭冠，樣樣我都愛不釋手。據說苗族女人酷愛銀飾，盛裝打扮時，從頭頂的插花銀梳到額前的頭圍響鈴、耳垂的龍形耳環、項頸的扭絲項圈、肩胛的銀花披肩、胸腰的掛扣花鏈、後背的泡片背牌、手臂的保命銀釵、手指的多股戒指，到腳上的輪圈吊片……等等，渾身上下足足有二十公斤重。真是厲害！不知道她們何以負載如此之重，又能若無其事地操持廚房和田裡的瑣事，實在教人佩服得五體投地，所以對苗族銀飾就更加另眼相待。

不僅是我，連我兒子也喜歡它們，甚至不惜用自己好幾個月的零用錢，買了一頂價昂的紋銀頭冠，而我每次去都會買好幾付樣式簡單、有手工雕刻的古典的紋路的銀手鐲，獨特的風格，非常適合作為伴手禮送給國外的朋友，比金光燦燦的金手鐲更受歡迎。

賣銀器的攤子同時也兼賣繡片。按照苗族女人的說法，那些緞子面的繡片，是村子裡的老奶奶們一針一針在油燈下手繡出來的，用的是古老的方法，並且從紡織到染色到刺繡全部手工完成，每一種繡片也就只有一款。所以這也成了我買它們的理由。真的，我並不知道買來做什麼，暫時放在抽屜裡，每隔一段時間拿出來欣賞一番，想像著村子裡的女人們晚上聚在火塘邊上，一面繡花一面聊天的情景，已經足夠讓人動心了。有時候把繡片貼到鼻子跟前聞一聞，隱隱約約還真有一股淡淡的煤油燈的氣味。

喜歡穿衣服標新立異的人們，還可以買苗族的百褶裙，蠟染粗布對襟小褂，甚至繡鞋，保管走在街上獨一無二。聽說幾乎每一個苗族的女人從五歲就開始學習繡片，她們把繡片裝飾在衣襟上，衣袖上，裙腳邊上，非常的俏麗。

銀器攤再過去就是雜貨攤。至少我是這樣認為的。因為擺攤的人幾乎什麼都賣——裂口的皮箱、前清的帽盒、農村的秤陀、老油燈、文房硯台、大煙槍、鍍金假牙、水晶眼鏡、地主的糧鬥（編註2）、閨房裡的鏡匣、小販們的扁擔挑子、月餅模子、老太太的裹腳布，三寸金蓮繡鞋、整幅的舊門框、石磨、佛像頭、兵馬俑、老弓箭、黑白照片連同發黃的鏡框、毛主席語錄、文革紅袖章、石門墩、自稱是秦代出土的陶瓷碎片、師傅留下來的舊皮影、作假的銅牛銅馬，中外錢幣……五花八門。

有人說，除了軍火和大煙土，潘家園什麼都有。這很可能是真的，尤其是大棚的最東邊，露天的邊角，擠滿蹲在地上農民模樣的小販，面前一堆雜貨，若是有人上前看看，馬上漫天要價，比如說花瓶，底座一定刻著簡體字「乾隆年間制」，要價一千五百元，而且還強調是一口價。若是你轉身欲走，他馬上降到五百，如果你真的喜歡那造型或者圖案，可以告訴他，只出一百元，多了就不買，搞不好一百元還真讓你拿走。

所以，千萬別讓「乾隆年間制」的字樣唬住，哪怕寫的是繁體字；也別被那些黑綠色生鏽的表象所迷惑，湊到鼻子前聞聞，很可能就有一股尿臊味。「文物」作假的人都知道，用硝酸銀和礬水反覆水煮涼乾，再放進廁所讓人用尿澆洗，不出一段時間，就會變成以假亂真的舊銅顏色。據內行人士說，這種伎倆和手藝，自古有之，從明清朝代就有專門從事這種「職業」的人，而且不乏能工巧匠。

記住，千萬別去潘家園，不然你會上癮的。

編註1：小人書，類似台灣圖文書，字數不多，以插圖為主。

編註2：糧鬥是一種四方形的古老的量器，在農村廣泛使用，乃至上個世紀。地主的糧鬥通常比貧民的糧鬥要氣派和漂亮得多，作古董，更有價值。

今晚去哪兒吃？
Where Shall We Dine Tonight？

今晚去哪兒吃？

這成為我們在北京度假期間每天早晨起床以後的一個鄭重討論的話題。因為擔心，整個假期僅僅只有兩個月，吃一天，就少一天，如果選錯了地方，就白白佔用了我們的時間，沒讓嘴巴和肚子充分享受到真正的美味，豈不遺憾。

還好，粗略想想，還沒有碰到掃興的時候。

這真應該歸功於北京作為一國之都，有那麼多地方風味爭相恐後進入，各顯其能佔據一席地位，使北京的市民頗有口福遍嘗天下佳肴。

我爸爸那一輩人，說到北京的菜館，還只就知道有「八大樓」，也就是萃華樓，泰豐樓，致美樓，鴻興樓，正陽樓，新豐樓，安福樓，春華樓。說是八大樓，並不指八個菜系，而基本上是山東風味的館子。

為什麼山東風味在北京那麼流行？

大概比較適合北京人的口味。山東菜以爆，炸，燒見長，淳濃卻不油膩，尤其擅於烹製海參，燕窩，動物五內。這些東西外國人避之唯恐不及，中國人卻趨之若鶩，比如，著名的九轉大腸，是將豬腸子經過水淖，酒煮，油炸，紅燒四個階段，料理成香脆爽口的美味。具體說就是將豬腸子翻轉過來經過水淖，再洒上海鹽和白醋，反覆搓洗，再加上紹酒煮四個小時，晾涼切成七分等段，再過一次沸水，然後進入油鍋炸，最後配

⬇鼎鼎香的涮羊肉

上醬油，香菜，肉桂，胡椒，砂仁粉，白糖，醋，蔥末，姜末，花椒油，清湯，海鹽十多種佐料，慢慢煨燉，直到湯汁收乾，然後出鍋上桌。有的地方還加筍片，冬菇，海米，肉丁，火腿丁作為陪襯提味。我先生不解，說，對這種通常扔到垃圾桶裡的東西，搭上那麼多時間和精力細心炮製，值得嗎？而且還使用那些比大腸貴得多的火腿丁，海米，筍片為配料，簡直本末倒置。有這閒工夫，不如躺在海灘上看看書來得舒服。

當然。

我也喜歡躺在海灘曬太陽。可若是比起享受口福之欲，我這個中國人情願選擇後者。經過一番廚房裡的烹炒煎炸，面對一盤誘人的美味肯定比面對大海更有誘惑。其實我相信，不僅中國人喜歡這道美食，就是外國人，若是不告訴他們桌上香氣四溢的九轉大腸是從豬的排泄器官的某個部位切下來的，他們搞不好同樣吃得津津有味。

再者，國外也有吃法奇怪的東西。譬如，西班牙的墨魚麵，足以令所有的中國人大跌眼鏡。知道嗎？墨魚麵，不是我們通常所想的用墨魚肉做出來的，而是用墨魚的黑墨汁囊，也就是我們中國人非常小心翼翼地從墨魚身體裡摘除丟棄的那一小團粘嗒嗒黑乎乎的東西，做成調味料，攪拌在麵條裡。

曾經對國內的朋友們講過去西班牙時吃的墨魚飯，他們一致睜大了眼睛說，那種濃黑的汁嗎？好恐怖耶。不會中毒嗎？就算有多好吃，那滿嘴滿牙的黑色，也夠讓人慘不忍睹的。

我同意。沒吃之前，我和諸位的想法一樣。儘管臨去巴塞隆納之前，從旅遊書上已經看到對西班牙美食的介紹，打算每一種美味都嘗一嘗。可是到了巴塞隆納，到街上看到飯館的櫥窗裡陳列的墨魚汁飯的圖片後，立即打消了嘗試的念頭。覺得若是自己去吃墨魚飯，實在是件不可思議的事。

直到最後一天，同行的朋友竭力慫恿，也想到若是不去吃一些嚐嚐，不知道以後還有沒有機會。於是壯著膽子點了一盤墨魚飯，才吃了第一口，就被那種妙不可言的美味吸引住了，然後立即狂吃起來，到了最後，甚至想學著法蘭西人的樣子，用麵包把盤子裡的殘羹剩汁，全部擦拭乾淨，吃進肚裡。

從那兒一刻開始，完全顛覆了對墨魚汁的成見。

我說這些的目的，是想表明，每個民族，都有一些自己的習慣和愛好。胸襟開闊一點，就會在包容的同時，看到別人的長處。

話題再回到八大樓。到了我這一輩人，對聞名了上百年的八大樓菜館，幾乎沒有多深的印象了。我自己，只去過鴻興樓和萃華樓。鴻興樓是小的時候常跟父母去吃餃子，我都記不清任何細節了，我爸爸卻念念不忘他們的餃子，說是北京城裡最好吃的，還努力幫我回憶，提示我那時儘管是個小孩子，居然也能一口氣吃二十個。萃華樓是長大以後跟朋友們去的，因為多數朋友住在東四至東單一帶，就常常去萃華樓，最喜歡那裡的烏魚蛋湯和糟溜魚片。

除此之外，我比較熟悉的北京餐館，除了眾所周知的東來順羊肉館，全聚德烤鴨店，豐澤園菜館以外，就是一些吃家常菜的小館，屈指可數，並且幾乎全部是政府國營，一進門先看到一張張二尺長的冷面孔，作為「你們幹嘛來煩我們」的標準招呼。

然後，出國以後再回來探親，忽然就發現，北京的大街小巷好像一夜之間被施了魔法似的，頻繁地冒出來了眾多的大大小小的菜館，並且如同時裝一樣，一年一個流行款式／菜式，讓人應接不暇。

據長住北京的朋友們講，改革開放以後最先進入北京的菜式，是粵菜。大概是那時東南沿海一帶經濟率先發展的緣故，廣東菜也隨著風靡了北京。我們那時住在雪梨，回北京探親，走在大街小巷，滿眼的「生猛海鮮」，「明爐乳豬」，「蛇羹」，「黨參麥冬瘦肉湯」，「基圍蝦」，「粵式點心」，等等，感覺上好像仍舊走在雪梨唐人街的路上，兩旁景觀如此相似。

雪梨的粵菜中餐，一向被人們稱為是海外第一正宗，即使是來自香港的老饕，也對此無可挑剔。究其原因，是因為九七前後，大批港人逃難般湧進澳洲，隨之也帶進來香港菜館的好頭家和好廚子。而那個階段，正逢我們居住雪梨，因此有幸嚐遍美味的粵菜，也同時被正規地訓練了對粵菜的口味。其實，國外的中餐，實際上就是以粵菜為主打的，難怪外國人提起中國菜，張口一定是「檸檬雞片」，「黑椒牛柳」，「蜜汁叉燒」等大眾菜的名字。

所以，看到北京有了那麼多的粵菜館，自然是一陣驚訝和驚喜。

我記得第一天到達之後，打電話約我爸爸出來一起飲茶，他在電話那邊不解地問，飲茶？為什麼在外面？在家裡喝茶不行嗎？

我對他解釋，「飲茶」的意思是吃廣東早點，可以算是早午飯，他半信半疑地隨我們去了西單的一家粵菜館。那頓早茶自然吃得皆大歡喜，我爸爸顯然很喜歡一個個小蒸籠裡的精致點心，蝦餃，燒麥，鹹水角，糯米雞，鴨絲腸粉，居然合了他習慣了一輩子的東北口味，算是非常難得。

不過，粵菜紅火了一段不長的時間，便漸漸銷聲匿跡了。大概是因為以海鮮為主要食材，造價高，難以迎合大眾的消費能力，況且廣東人又非常注重飲食的養生之道，動不動就往菜肴裡加上各種藥材長時間地燉煮，費時費工費事，兼帶令人費解。對北方人來說，剛開始吃著覺得新鮮，時間一長，便讓不甚講究的北京人覺得難以兼容。比如，就連「粥」這種非常平易近人的食物，也能讓廣東人別出心裁地加入種種貴重的材料，使之不僅僅是充飢的早點，而且成為早中晚飯外加茶點宵夜，隨時隨地都可以上桌的補品，並且名目繁多。

這一點，倒真應該向他們學學。

因為廣東人做出來的粥，確實是很好吃的。

粗略算起來，可以進入廣東人的粥煲的材料，穀物類有薏米，紫米，黑豆，蕎麥，芝麻，大麥，秫米；根莖類有山藥，蓮藕，芋頭，紅薯，茭白，大蒜，生薑，蘿蔔；菜蔬類有香菜，萵苣，包菜，韭菜，油菜，菠菜，蔥豉；菌藻類有銀耳，香菇，髮菜，海帶，紫菜，木耳；水產類有艇仔，蚌肉，甲魚，海參，乾貝；肉類有豬肺，羊肚，牛腰，鵝肝，雞心，燕窩，鵪鶉，等等。不計其數。

我先生又該納悶了，中國該不是缺少瘦肉吧，放著精美的里脊肉不用，為什麼偏偏要把五臟六肺手腳頭腦這些通常在屠宰場直接扔進垃圾箱裡，或是送到肥料加工廠裡的東西放進粥裡呢？

他當然不明白，那些被他們丟棄不用的內臟，在中國有時侯往往比純粹的瘦肉還要受歡迎，且價格不菲呢。問我為什麼？我還真說不上來。大概國人自古就有一種信仰，認為吃什麼補什麼。所以若是在雞胸和雞腳之間做選擇，大多數中國人一定會選擇雞腳，而不是雞胸。

何況廣東人，素以吃遍天下聞名，四條腿的除了桌子和椅子不吃，有翅膀的除了飛機不吃，其它的統統可以捉來成為盤中美味。所以，聽說他們以狗腎，血燕，稻禾虫作為食材煮進粥裡，甚至將刺蝟切成肉丁，加上紅棗，乾蓮子米，乾百合，枸杞，淮山藥，黨參，等等輔料熬成「補品」，也就見怪不怪了。

喝過此粥的人都說，刺蝟肉是富含高蛋白的上等野味，可以補元氣，理胃氣，強身健骨，提神醒目，消腫止痛。

如此這般，按照廣東人的意見，凡是可以入菜的都能煲粥，特別是煲生滾粥。

什麼是生滾粥呢？

就是事先把粥底熬製好了，臨出鍋前，再放入各種配料，稍微滾一滾，就可以上桌了。這樣一來，熬製鍋底就成了煲好一鍋粥的關鍵所在。

我當然會做粥。這是我一向認為的。不就是將煮米飯的水，多加一些水在鍋裡，等鍋裡的米和水一起沸騰以後，轉為小火，慢慢再熬上二十分鐘就行了嗎？

我這樣熬粥，熬了若干年，直到有一次到粵菜館飲早茶，朋友建議要了一碗鹹豬骨蚝豉瑤柱粥，那瑤柱二字令我想到縹緲的廣寒宮，認為也許是什麼很美的東西，就同意要了一碗。在此之前，我在廣東菜館吃飯，是從來不吃粥的。在我眼裡，稀粥是人人會做的家常飯，有必要到菜館來喧賓奪主嗎？出來吃飯，是為了吃那些自己在家裡做不來的東西，比如，松鼠魚，燜爐燒鴨之類。

不過，那次我吃過後，就完全顛覆了我對家常飯家常菜的看法。鹹豬骨蚝豉瑤柱粥用牡蠣和乾貝提鮮，晶瑩剔透，滿口甘香。令人不得不服氣，那些看似簡單的東西，其實往往是最難做出味道來的東西。

就說這熬粥，不，應該改口為煲粥，其中確實是相當有講究的。

先是選米。也就是，決定用什麼樣的米煲粥最好。行家的意見是，東北大米和泰國香米都可以入選。東北大米有如珍珠一般飽滿圓潤，有黏性，泰國大米則清香雋永，軟滑可口。我比較喜歡東北大米。又聽賣大米的人講，一年只產一季的大米比一年產兩季的大米要好很多，東北大米一年只產一季，所以它成為我的理由。

大米要先用清水淘淨，按照廣東人的做法，置於一旁浸泡三十分鍾，清水剛剛沒過大米，然後，加入少許油和鹽攪拌，再置於一旁三十分鍾。

與此同時，鍋裡燒水。我一直不知道煲粥是要在滾水裡，通常我就是把米洗淨以後，直接加上冷水，直接開火煮粥，難怪我做的粥從來都是糊鍋底，原來是冷水無法在鍋裡造成風起雲湧的局面，以致壓在最低層的大米一直沒有翻身的機會。

對，當滾水在鍋裡上下翻騰時，將大米徐徐倒入，並且不停地用勺子推波助瀾，一直到所有的大米活躍起來，自動在鍋裡歡快地浮動，這個時候，就要關小火了，讓米粒進入慢慢煲煮的狀態，直至熟透為止。

接下來，就可以放配料了。

這也是有講究的，不可隨心所欲。比如說，若是放肉類，要先拌好澱粉再進入鍋底，以免混濁整個鍋底；若是放藥材，要與大米同時煲煮才會入味；若是放海鮮，要事

➲甜酸香鮮的茄汁松鼠魚

先焯好去除腥氣；若是放蔬果，要等在起鍋的最後一刻，為了保持維他命不被破壞。

我用這種地道的廣式方法，煲出來的米粥，果然又漂亮又可口。

以致我們全家人一反往常對稀粥漫不經心的態度，當我建議：「今天要不要喝粥？」立即會得到熱烈附應，就連我那一向並不太喜歡中餐的女兒，也饒有興趣地建議，「我們吃廣東香腸桃仁粥好不好？」

這廣東香腸桃仁粥，是我自己發明的，因為廣東香腸在我們這裡的中國商店很容易買到，核桃更是荷蘭當地的土產，常見，我們每星期都去當地露天市場買回一大袋，新鮮的時候，有一股難以名狀的清香。所以我的廣東香腸桃仁粥，剛一「問世」，就立即博得了好評。現介紹如下：

➲將飲食歸于平淡——吃粥

廣東香腸桃仁粥

原料： 東北大米，2杯、清水，12杯、橄欖油 / 葡萄籽油 / 花生油，三湯勺、鹽，少許、廣東香腸，二百五十克
帶殼核桃，五個

做法： 通常一杯大米加八杯水的比例可以煲成全粥；一杯大米加十杯水的比例可以煲成稠粥；一杯大米加十二杯水的比例可以煲成稀粥，全看個人口味。

將米用清水淘淨，浸泡三十分鐘，倒掉多餘的水，用油和鹽攪拌泡好的米，再靜置三十分鐘。

鍋裡置足夠的水，大火燒滾，徐徐倒入浸過油鹽的米，用勺子不停地攪動，直至大米在鍋裡自動上下翻滾，轉成小火，慢慢煲煮，大約四十五分鐘左右，粥就基本煲好了。

將廣東香腸切成薄片，核桃去殼掰成小塊，一起加入粥裡，繼續煲煮十分鐘，便大功告成了。

是不是很簡單？就連我兒子和女兒，在練習了幾次之後，都能煲出非常不錯的粥。吃得全家人渾身暖洋洋，滿嘴香噴噴的。

話說回來，粵菜短暫地在北京流行之後，很快就讓位給了川菜。

川菜進入京城，可謂鋪天蓋地。那架式，就連我這個每年只回國一次的人，也受到強烈的感染。大街小巷，眾多的菜館，一律轟轟烈烈地輪番上演麻辣燙，毛肚火鍋，水煮魚，香辣蟹，等等血色浪漫的鮮紅菜式，不僅聳人聽聞的詞句，諸如「沸騰」，「火爆」，「百年火鍋滾湯」，而且還加上亮艷的形象海報，聲色俱全地對人們進行強大的攻勢。

走在街上，碰到熟人或者是老朋友，寒暄之後，話題一定會轉到川菜上。似乎在談到北京的「最近」，川菜便成了一個不可不涉及的內容。

可見，川菜已經不僅僅是一種地方風味，一種飲食，而且還變成了一種流行的符號。

令人尷尬的是，每當這時，我便顯得呆頭呆腦，且開始敷衍起來。

原因是，這些在朋友們嘴裡如數家珍般熟悉的東西，在我這裡，卻是空白。往往，我不得不如實告訴朋友，他們所說的那些大名久仰的川菜，我一樣也沒吃過。

這種時候，朋友就會顯出一付半信半疑的樣子，說，那你回來都吃什麼了？

言外之意，在如今川菜大行其道的京城，不吃川菜，簡直就沒得可吃了。

這倒是真的。當一種東西成為最流行的大趨勢時，不選擇它，倒還真成了有悖「與時俱進」的了。

前年去香港，中途在上海專機，特意多停留幾天，為了在滬上享享口福。

我們就住在淮海路，一出酒店門，到處都是飯館和商店，非常方便。最初的幾天，幾乎頓頓飯都與「川菜」不期而遇。

我在「川菜」二字旁邊加上引號，意思是，從飯館的名字上看，根本不是四川菜館，並且菜單上，也看不出菜裡會有辣椒。可是等菜上了桌，卻看到樣樣都有鮮亮的新鮮辣椒，或者油炸過的黑紅辣椒的影子。吃得我們唏噓不已，口舌生瘡，大小便祕結。

火鍋飯館外牆上的巨型招牌

常言道，吃辣椒，辣兩頭。諸位可以想像那種不舒服的感受。所以，再出去吃飯，馬上聲明，不要辣椒，不要花椒，不要胡椒，No！ No！ 一點兒辣的都不能吃。微辣也不要！

我說這件事的目的，是為了表明，甚至在上海這樣一貫排外的地方，也街頭巷尾地大面積颳起了川菜風，可見川菜的鋒頭。

其實，並非我們不能吃辣的，一桌飯菜，有一兩個菜裡有辣味提神，未嘗不可，也是一種意外之喜。可若是一桌飯菜，樣樣都是辣的，且辣得濃烈嗆人，難以招架，就讓我們由驚喜轉為驚恐了。

任何事情都有底線。

何況，我本人對辣的東西，曾經心有餘悸。

一九八〇年代中期，北海附近府右街，北京圖書館的對面，新開張了一家延吉冷麵館，在當時引起過一陣不小的轟動。

首先，它是第一間冷麵館，北京人還沒有見識過。我是說，那種半透明的，用紅薯粉做出來的細麵，而不是北京市民們司空見慣了的那種又粗又硬的乾切麵。特別是那會兒，文革之後北京的飯館只有千篇一律的「老三樣」，風格不同的冷麵無疑給人們一種新鮮感。

再者，它又是延吉的。延吉是什麼地方？具體方位不大清楚。隱隱約約知道它在中國與朝鮮交界的地方，屬少數民族居住區。這就為「延吉」這兩個字，增加了某種異域色彩。而這某種異域色彩，在那時就成了一件新鮮事。

我們當然慕名而去。

到了門口一看，居然小小的門臉外面排了長長的隊，顯然把延吉冷麵當成新鮮事的人還不少。

等我們買了麵，捧著一個碗，往裡端詳時，就更覺得稀罕了。一大團晶瑩圓滾的深褐色的麵條，通體沈浸在淺褐色的清亮湯汁裡，切得薄薄的翠綠的蘋果片和同樣切得薄薄的鹵肉片，散發著誘人的香味。挑起一縷送進嘴裡，冰涼沁人，有點酸，有點甜，然後是辣，直逼喉嚨的辣，火燒火燎的辣，辣得我的上下嘴唇漸漸腫痛起來，鼻涕眼淚嘩嘩地流個不停。結果，還有半碗麵沒有吃完，我就忍不住落荒而逃了。

從那以後，我對辣的東西，便非常地小心翼翼。因為被結結實實地辣過一回，從此再也不敢與川菜正面交鋒了。

所以風靡北京好幾年的川菜，我始終對它保持著敬而遠之的距離，實在是因為「一朝被蛇咬，十年怕草繩」。

朋友們紛紛為我遺憾，說我沒有口福，錯失了享用人間美味的大好機會，我回答，也許吧。然而每一次路過飯館，看到裡面的桌子上大盆的水煮魚上面漂浮著濃濃一層紅艷艷的辣椒，周邊的食客們面紅耳赤的狼狽樣子，便幸慶自己不是其中之一。

只有到最近，因為要寫這本書，專門打電話找了四川的朋友好好聊了聊，才知道其實川菜並不是全都又麻又辣，真正講究的菜式有時根本與辣無緣。比如說，著名的樟茶鴨子，壇子肉，口袋豆腐，黃燒魚翅，烤乳豬，玻璃白菜，棕葉排骨，五香燻魚，香糟肉，芙蓉雞片，雞豆花，八寶鴨，荷花魚肚，冬菜扣肉，粉蒸排骨，脆皮桂魚等等。

我一聽，不覺心花怒放。原來有那麼多聽起來讓人流口水的四川菜，都可以是不辣的。真好。

他們告訴我，川菜中的優秀廚師，很少用辣椒調味，而是更多的情況下，用豆豉，花椒，豆瓣醬，醬油，鹽，搭配出不同的味道，不過，這裡所說的這幾樣東西，可不是一般的佐料，而是來自特別的產地，就好像法蘭西的香檳酒，「只有香檳區出產的香檳才能稱得上是香檳，別的地方製作的只能被叫做葡萄汽水酒。」

比如說，豆豉，一定得是潼川的。而花椒，一定要用漢源的。至於豆瓣醬，郫縣的最上乘。那麼醬油，產於犀浦的醬油比較正宗。最後是，鹽。並非任何鹽，必須是自貢井鹽，純天然人工萃取或抽提的鹽中的佼佼者。據史料記載，四川這個區域，在二億年前，曾經是內陸海，經過地質變化和海水乾枯，遺留下來大量的鹽鹵和岩鹽，含有百分之九十九的氯化鈉，色澤白潤，味道醇美，絕不苦澀。以至所有的四川人都眾口一致地說，做川菜，若是不用川鹽，簡直是不能想像。

這五樣東西，在巧妙的廚師手裡，可以像變戲法一樣，混合搭配，變化出無窮無盡的花樣，諸如，麻辣，酸辣，蔥香，魚香，怪味，椒麻，紅油，薑汁，糖醋，蒜泥，等等，令人稱奇。

不過，所有的這些特別的調味料中，四川井鹽，是最容易被忽略的。有誰在做菜時真的那麼在乎用的是什麼鹽啊。因為鹽實在是太普通了，普通得人們去某地旅遊時，會買回大包小包的各種物品，唯獨想不到去買一袋鹽回來，哪怕它是世界頂級的法蘭西布列塔尼「鹽之花」。不信？去問問那些到法蘭西旅遊的中國人，十有八九會逛精品皮貨店，或者是精品成衣店，有幾個會去精品調味店呢？

其實，這可真是大錯特錯。

小小的一撮鹽，確實可關乎整個一盤沙拉的清新鮮爽。不信，就試試看，自己在家裡做出兩盤一樣的沙拉，每一盤放不同的鹽，一定可以品嘗出其中明顯的不同。

而四川井鹽之於川菜，也同樣舉足輕重。不少做過四川泡菜的人，大概已經發現了，用普通鹽做出來的泡菜，總有一股淡淡的苦澀，用井鹽做出來的泡菜，則鮮脆甜美。這全得益於四川井鹽的提鮮，增香，定味，殺菌，抑制異味的奇妙作用。

這有點類似法蘭西布列塔尼Guerande地區的鹽之花（Fleur de sel），世界上所有的頂級廚師都知道它，並且奉為極品。原因也是它在菜肴裡的神奇作用，以及絕對的稀少。據說，這種源於兩千多年的海鹽，只在夏季的七、八月份，只在布列塔尼鹽田區，只在大西洋的季風和法蘭西西南太陽的綜合呵護下，才能結晶出來，像薄薄的一層白色絨花，閃爍著隱約的玫瑰紫色，纖細地浮在岸邊海水的表層，非常珍貴，且完全不接受人類的控制。所以，人們採收之後，也不做清洗和加工，直接包裝起來，以保持大自然最原始最豐富的味道。而廚師們通常也不用它做菜，只在菜品出鍋以後，或者生拌的沙拉，現烤的麵包上，輕巧的薄薄撒一點兒，立即，食物中原本的自然味道，頃刻間被激發，迸出精致秀美的香味。

據法蘭西人自己說，這鹽含有銅，鐵，鋅，錳，碘，氟，等眾多寶貴的微量元素，具有詭祕的紫羅蘭氣味，是老天爺賜給人們的珍貴禮物。

除此之外，蒙古岩鹽，喜馬拉雅山岩鹽，以色列死海鹽，夏威夷火山鹽，當然，還有四川井鹽，均是世界上鹽類的精品。

另外，我還很喜歡具有四川特點的回鍋肉，因為算起來，回鍋肉可是川菜裡的頭菜，且又容易掌握，食材大眾化，可以「廢物利用」。我是說，上一頓沒有吃完的肉，下一頓重新回鍋炒一炒，又是一盤菜，符合共產黨一貫提倡的「節約鬧革命」的原則。雷鋒精神永垂不朽。

原料： 豬肉，新鮮的或者是left over，郫縣豆瓣，少許，甜麵醬，少許，醬油，少許，青蔥，若干，

做法： 將新鮮豬肉放進鍋裡煮至八分熟。切成片狀，備用。若是有上頓飯剩下來的熟肉，直接用，就省事多了。炒鍋燒熱，放入菜油，再放入肉片，略炒，加郫縣豆瓣，甜麵醬，醬油，炒成酒紅色，最後放青蔥，馬上出鍋。

回鍋肉不一定只限於回鍋豬肉，還可以回鍋雞肉，回鍋牛肉，回鍋N種肉，任何上一頓沒有吃完的肉，下一頓都可以回到鍋裡，加上美味的調料，重新炒一遍，又變成了一道新菜。

這特別適合我們家，因為除了我以外，沒人願意吃剩菜。而很多時候，剩下的東西還是滿不錯的。比如說，耶誕節烤的火雞，剩下不少胸肉，丟掉可惜，可留到下一頓時，一定沒有人願意吃它，嫌它是 left over。這樣，用回鍋肉的模式，將火雞胸脯肉撕開，不要整齊的刀工，才顯得隨意，再切幾片青椒，紅椒，鮮筍，冬菇，快火速炒，鋪在米飯上面，完全改頭換面，並且色香味俱全，老公和孩子們早就忘了上一頓火雞的事，吃得有滋有味。

事後還一個勁兒地追問我，回鍋肉是川菜嗎？不太辣啊。很好吃啊。

他們顯然對在上海時吃到的麻辣嗆人的川菜印象深刻。

我告訴他們，川菜有很多又好吃又不辣的菜，只是我們碰巧沒有吃到而已。

「那麼，下一次再去北京時，記得帶我們去吃不辣的川菜喔。」孩子提醒我。

我答應了。

結果呢？再回北京的時候，風向又變了，從川菜轉為東北菜，河南菜，江西菜，湖北菜，安徽菜，江蘇菜，……，乃至如今，世界菜。

真的，我沒開玩笑，在北京想吃各國菜，方便得很，想吃日本菜，去中國大飯店三樓的灘萬日本料理，神戶牛肉棒極了；想吃韓國菜，去建國門外大街的韓壽苑，有香噴噴的烤牛舌，烤牛排，烤鰻魚；想吃德國菜，去蘭特伯爵西餐廳，烤豬腳配酸菜當然是它的招牌菜，讓我頻頻聯想到每年去奧地利滑雪時經常吃的碩大豬腳；想吃墨西哥菜，去光華路上的墨西哥風味餐廳，脆脆的玉米片和色彩絢麗的沙拉讓人忍不住吃了還想再吃；想吃泰國菜，去三元橋附近的紫天椒，各種紅咖哩，綠咖哩，黃咖哩的菜點熱熱鬧鬧，香芋和椰青的味道滿屋飄香；想吃義大利菜，去國際俱樂部飯店的義大利餐廳，有機會吃到濃郁的義式炒飯配黑松露；想吃法國菜，去建國飯店的吉斯汀，非常地道非常貴；想吃俄國菜，去玉淵潭的基輔餐廳，是不是正宗我不知道，不過有俄國來的功勛演員現場獻藝，值得前去懷舊；想吃澳洲菜，去朝陽區棗營路的北京澳洲傑克西式餐廳，可以吃到袋鼠肉和駝鳥肉，對我而言，海鮮拼盤不枉此行；想吃土耳其菜，去友誼商店後面的伊芳史丹布爾餐廳，道統香辣披薩和道統香辣肚皮舞各有各的精彩；想吃非洲菜，去新開業的比利比利非洲餐巴，在嘗到特製的石板肉的同時，還能觀賞到有驚無險的噴火舞蹈；想吃巴西菜，去……；想吃印度菜，去……。

是不是讓人眼花撩亂。

而我這裡所羅列的，僅僅是我吃過的，或者從朋友那兒聽說的他們吃過的，既不是全部的菜館，也不是所謂最精彩的。

當然，最後要說明的是，價錢。對，價錢。就價錢來說，自然不能與當年的情形相比，兩角錢一份的深盤奶油口蘑濃湯和五角錢一份的法式煎豬扒是永遠的一去不復返了，取而代之的是平均消費50元，80元，100元，800元，1500元的估算標準，根據菜館的等級而定。別忘了，人們如今的工資，比較起我在中國時的一九八八年，也是不可同日而語了。

就這樣，每次到了吃晚飯的時候，「到哪兒吃？」便成了一件頗費心思的事。

到哪兒吃呢？

原先北京被總結為有五條食街，幾乎都在二環之內，隆福寺，新街口，大閘極欄，牛街，崇文門。可還沒等大家把它們逐個拜訪過來，又傳出來食街已經覆蓋到廣安門，六裡橋，虎坊橋，平安大街，阜成路，陶然亭等十多條街道了。然後又迅速地發展到三環周遭，北京西客站美食街，中關村地區的蘇州街，方莊的美食街，亞運村附近的慧忠路和大屯路，美女如雲的萊太美食街，平民美食樂園的大慧寺，……。緊接著，便是四環周遭，以眾多小資餐館著名的霄雲路，大牌檔雲集的萬豐路，石景山八大處，西四環世紀城附近，定慧橋一帶。還有五環周遭，……。六環……。

真讓人吃驚，也真讓人高興。北京進步了！進了很大的一步！

從我當年出國時，一九八八年，曾經想請朋友們吃一頓告別的晚飯，問道，「今晚到哪兒吃？」眾人面面相覷，搜腸刮肚找不到一間像樣的令人滿意的菜館，因為可以入圍的菜館，簡直寥寥無幾，可以說，那時的菜館，屈指可數。到現下，見了朋友再問，「今晚到哪兒吃？」同樣面面相覷，因為圍裡圍外的可供選擇的菜館，多如牛毛，足足有上百個上千個，讓人挑花了眼睛，所以無所適從。

短短二十年，一個嬰兒長成青年，一個城市，完成了從無到有的蛻變。

我是說，僅僅就菜館而言。

當然還有其它。

➔野菜也可以登上大雅之堂
➔橙酒南瓜慕斯甜點

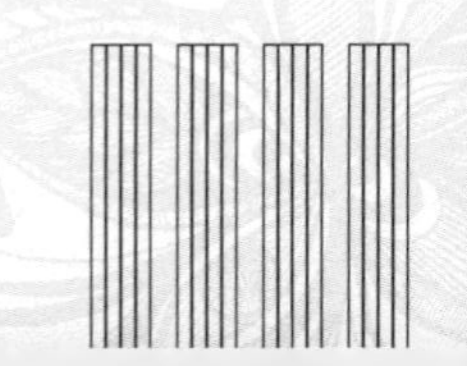

106-96

台北市大安區忠孝東路四段341號11樓之3

信實文化行銷有限公司　收

廣告回函
台北郵局登記證
台北廣字第1061號

姓名：

地址：

○○○-○○

高談文化、序曲文化、華滋出版 讀者回函卡

謝謝您費心填寫回函、寄回（免貼郵票），就能成為我們的VIP READER。未來除了可享購書特惠及不定期異業合作優惠方案外，還能早一步獲得最新的新書資訊。

姓名：＿＿＿＿ ○男 ○女 生日：＿＿年＿＿月＿＿日

E-mail：＿＿＿＿

職業：＿＿＿＿ 電話：＿＿＿＿ 手機：＿＿＿＿

[購買書名] ＿＿＿＿

[您從何處知道這本書]

○書店（□誠品 □金石堂） ○網路or電子報 ○廣告DM
○報紙 ○廣播 ○親友介紹 ○其他

[您通常以何種方式購書]（可複選）

○逛書店 ○網路書店 ○郵購 ○信用卡傳真 ○其他

[您對本書的評價]

（請填代號：1.非常滿意 2.滿意 3.普通 4.不滿意 5.非常不滿意）

○定價 ○內容 ○版面設計 ○印刷 ○整體評價

[您的閱讀喜好]

○音樂 ○藝術 ○設計 ○戲劇 ○建築 ○傳記
○旅遊 ○散文 ○時尚

[您願意推薦親友獲得我們的新書訊息]

姓名：＿＿＿＿ E-mail：＿＿＿＿

地址：＿＿＿＿ 電話：＿＿＿＿

[您對本書的建議]